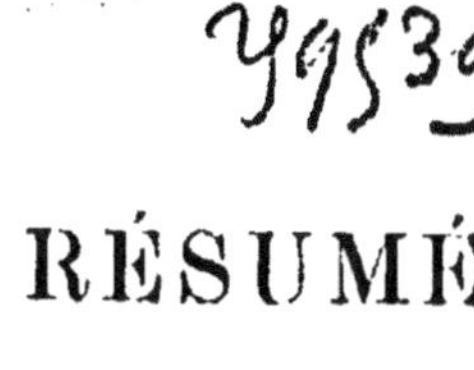

# RÉSUMÉ

DE LA

# QUESTION MONÉTAIRE

ET NOUVEAU PROJET

## DE MONNAIE INTERNATIONALE

PAR

E. BOUTAN

INGÉNIEUR AU CORPS DES MINES.

PARIS

LIBRAIRIE GUILLAUMIN ET Cie

Éditeurs de la Collection des Principaux Économistes, du Journal des Économistes,
du Dictionnaire de l'Économie politique,
du Dictionnaire universel du Commerce et de la Navigation.

RUE RICHELIEU, 14

1895

# RÉSUMÉ

## DE LA

# QUESTION MONÉTAIRE

# RÉSUMÉ

DE LA

# QUESTION MONÉTAIRE

ET NOUVEAU PROJET

## DE MONNAIE INTERNATIONALE



PAR

E. BOUTAN

INGÉNIEUR AU CORPS DES MINES.

PARIS

LIBRAIRIE GUILLAUMIN ET Cie

Éditeurs de la Collection des Principaux Économistes, du Journal des Économistes,
du Dictionnaire de l'Économie politique,
du Dictionnaire universel du Commerce et de la Navigation.

RUE RICHELIEU, 14

1895

LA

# QUESTION MONÉTAIRE

## I

La supériorité des sciences mathématiques pures réside surtout dans le rôle exclusif qu'y joue le raisonnement : partir de l'évidence ou d'un postulatum tellement simple, comme celui d'Euclide, qu'il faut déjà une certaine réflexion pour trouver utile de le démontrer, et en déduire une longue chaîne de propositions ou de théorèmes certains, dont personne ne peut nier la vérité ni discuter les termes, c'est là une propriété unique qui fait des sciences mathématiques le fondement et le plus solide appui de toutes les autres.

Dès que l'on veut mélanger à ces pures abstractions les contingences qui nous entourent, l'erreur inhérente à nos observations s'y glisse avec elles, et la certitude disparaît; la physique mathématique et la mécanique rationnelle elles-mêmes, ces deux plus hautes expressions des mathématiques appliquées, commencent à prêter le flanc à la discussion, et les théories diverses, peut-être encore pour longtemps incertaines, de la lumière et de l'électricité, ainsi que les récentes controverses sur « le chat qui tombe », sont bien là pour nous le montrer.

Si de ces hauteurs éclairées par des hommes de génie, on descend aux sciences où les faits se mélangent de plus en plus aux abstractions, et où le flambeau du raisonnement n'émet plus une lumière aussi vive, les erreurs et les discussions s'accumulent ; il arrivera par exemple qu'après des milliers et des milliers d'expériences exécutées pendant un long siècle, on s'apercevra un jour que ces expériences étaient toutes incomplètes et qu'il existe dans l'air un gaz auquel on n'avait jamais pris garde; il faudra de même, comme à Pasteur, de longues années et des efforts sans nombre pour renverser une théorie fausse et la remplacer par une autre, assurément plus vraie, nous paraissant même, aujourd'hui, la seule vraie, la seule possible dans les conditions actuelles, et dont personne ne pourrait cependant affirmer avec certitude qu'elle ne sera pas à son tour remplacée plus tard par une autre, mieux appropriée à l'état des connaissances et au milieu de l'époque.

Encore ne parlé-je ici que des sciences d'expérimentation : mais si nous passons enfin aux sciences de pure observation, où l'expérimentation est ou impossible ou extrêmement difficile, les théories et les lois ne se dégagent plus que d'un amas de faits confus, difficiles à interpréter, et pouvant même, suivant les circonstances, être interprétés en des sens différents : parmi celles-là, on pourrait compter par exemple la météorologie et la médecine : mais aucune ne peut assurément rivaliser, même de loin, avec l'économie politique.

Et cela se comprend aisément.

Nulle part en effet comme là on ne rencontre un ensemble de faits plus nombreux, plus variés, plus difficiles à isoler ou à reproduire comme on le voudrait, rendant par conséquent les observations plus délicates et les conclusions plus incertaines ; nulle part ces faits ne sont plus mêlés à la vie pratique de tous les jours, offrant ainsi à la discussion un terrain d'autant plus fréquenté que tout le monde se sent capable d'y entrer, sauf à s'y enfoncer ou à s'y perdre, et que chacun y marche ou s'y débat selon son caractère, sa tournure d'esprit plus ou moins théorique ou pratique, et trop souvent dans le sens de ses intérêts. Les sophismes y sont extrêmement faciles à émettre ; mais ils sont d'autant plus difficiles à réfuter que, si l'on veut appuyer sa démonstration sur des données théoriques, la réfutation n'a pas de valeur suffisante, et qu'elle peut être repoussée si on veut l'appuyer sur des faits souvent contestables, et d'ailleurs presque toujours susceptibles d'interprétations diverses.

Deux circonstances particulières viennent encore, s'il se peut, augmenter les difficultés de la question et en épaissir les obscurités.

D'abord il n'y a pas de science dont l'intérêt, personnel ou national, ne vienne fausser au même point les raisonnements : qu'il n'y ait un très grand nombre d'économistes parfaitement indépendants et cherchant à être parfaitement désintéressés, cela n'est pas douteux : mais que l'intérêt ne fasse malgré tout, et même aux meilleurs esprits, voir souvent les choses sous un jour plus ou moins favorable, et par conséquent avec des aspects tout différents, c'est ce qu'il est impossible de nier : j'irai même plus loin, et je dirai, si l'on veut, que cela est juste; que l'intérêt général étant la somme des intérêts particuliers, chacun, en défendant le sien, défend pour la part qui lui incombe le patrimoine commun; mais on voit quelle source de discussions toujours, et d'erreurs trop souvent il en peut découler; et si cela est vrai des intérêts particuliers, combien cela ne l'est-il pas encore davantage de l'intérêt général, ou national, si l'on veut, que l'on croit ou que l'on feint de croire engagé et qu'on met trop souvent en avant pour défendre les autres! qui saura jamais tout ce qu'en renferment les arguments les plus patriotiques de nos protectionnistes!

La seconde circonstance qui rend les observations plus difficiles est la lenteur des phénomènes économiques : on a comparé avec raison leurs mouvements, comme le rappelait naguère M. J. Bertrand, « à ceux d'une masse visqueuse soumise aux mêmes lois qu'un liquide parfait, mais demandant, pour atteindre sa position d'équilibre, un temps beaucoup plus long, quelquefois de légères secousses » : il résulte de cette lenteur même que les conséquences de certains faits, n'étant pas quelquefois immédiatement observables, peuvent être attribuées à d'autres causes; de là nouvelle source d'embarras.

Or, parmi toutes les questions variées et épineuses auxquelles la science économique cherche à répondre, il n'en est certainement pas de plus importante en même temps que de plus difficile à résoudre — si tant est qu'elle comporte une solution — que la question monétaire si âprement discutée depuis quelque temps et qui fait l'objet de cette étude.

## II

Et d'abord, qu'est-ce que la monnaie?

La monnaie est un instrument d'échange qui nous sert à vendre et à acheter : voilà la notion simple, superficielle, que tout le monde en a et que j'adopterai momentanément. Tout le monde sait également que la monnaie a beaucoup varié de nature suivant les temps et les lieux, et je n'ai pas besoin de passer en revue, après tant d'autres, les nombreuses substances qui en ont rempli l'office (métaux divers, coquillages, fourrures, cuir, sucre, tabac, etc.), si ce n'est pour retenir de cette énumération, bizarre en apparence, le caractère essentiellement modal et conventionnel de la monnaie.

Tout le monde sait encore que, depuis une antiquité déjà notablement reculée, et chez les peuples arrivés à un certain degré de civilisation, la mode s'est fixée, et que l'or et l'argent ont à peu près monopolisé ce rôle, au moins pour les transactions d'une certaine importance : ce que l'on sait moins, c'est que les deux métaux ont eu des variations de valeur incessantes et atteignant quelquefois une assez grande amplitude.

Les spécialistes ont étudié ces mouvements, malgré la grande obscurité dont ils sont entourés, et il est important d'en faire tout au moins brièvement mention, afin de bien constater la variation de valeur de l'or et de l'argent, spécialement du *rapport* de valeur existant entre eux, et de nous rappeler, à nous, esprits fortement prévenus par la fixité à laquelle nous sommes habitués depuis près d'un siècle, que cette fixité a été purement artificielle.

Dans l'antiquité et jusqu'à la découverte de l'Amérique, il résulte des recherches de M. Soetbeer, une des plus hautes autorités dans la matière, que le rapport de valeur de l'argent à l'or aurait varié de 1 : 13 à 1 : 10. Depuis cette époque, à partir de laquelle on commence à avoir des renseignements plus précis, la production considérable des mines d'argent d'Amérique fit peu à peu baisser le métal blanc, et ce rapport descendit progressivement, pendant les XVIe et XVIIe siècles, de 1 : 10 à 1 : 15; il était en 1701 de 1 : 15, 27, puis il remonta, probablement par suite de la production des nouveaux gisements aurifères découverts au Brésil, jusque vers 1780, où il n'était plus que de 1 : 14, 64; mais il ne tarda pas à redescendre à 1 : 15, 50, où il était à la fin du règne de Louis XVI, puisqu'il fut officiellement reconnu par Calonne en 1785.

Les choses en étaient là, lorsqu'à l'époque de la Révolution notre pays eut à s'occuper de la réforme des poids et mesures et adopta le système métrique : on commença très logiquement par définir l'unité monétaire, et à la fixer, sous le nom de franc, à un poids de 4 gr. 5 d'argent fin, soit 5 grammes au titre de 900 millièmes (lois du 18 germinal et du 28 thermidor an III) : en d'autres termes, on adopta l'étalon d'argent; mais on eut également besoin de pièces d'or et il fallut bientôt aviser à la frappe de la monnaie jaune; or, comme aux cours de ce moment-là, le rapport de valeur de l'argent à l'or était, à égalité de poids, de 1 à 15 1/2, la loi du 7 germinal an XI décida qu'on frapperait des pièces d'or de 20 francs à la taille de 155 au kilogramme et au même titre que la monnaie d'argent, ce qui donnait bien le résultat cherché.

En droit, la loi de germinal ne créait pas autre chose; elle se fondait simplement sur la valeur marchande des métaux à cette époque.

En fait, en ouvrant ses hôtels de Monnaie à la libre frappe des pièces d'or et d'argent dans le rapport de valeur de 1 à 15 1/2, elle créait ce que M. H. Cernuschi a appelé depuis le *bimétallisme* (1), ou en d'autres termes le régime du double étalon; non pas que ce rapport pût être fixé d'une façon absolue par une simple mesure législative, mais parce que les circonstances extérieures, pendant trois quarts de siècle, n'ont pas été assez fortes pour renverser l'obstacle créé ainsi pratiquement aux lois économiques; pendant ces trois quarts de siècle, c'est-à-dire jusqu'après 1870, le prix de l'argent fin, évalué en or, ne s'est pas éloigné sensiblement de 222 fr. 22 le kilogramme.

M. Léon Say a récemment, dans un article du *Journal des Débats*, parfaitement expliqué cette fixité.

« Le rapport légal de 1 à 15 1/2 adopté par Calonne en 1785 et consacré par nos grandes lois monétaires a été, dit-il, un fait et un droit.

« Les oscillations étaient faibles et se corrigeaient d'elles-mêmes. Si l'or montait relativement à l'argent, c'est-à-dire si un kilogramme d'or valait un peu plus

(1) Ce nom a été souvent traité de barbare, de baroque, et chargé d'autres épithètes tout aussi gracieuses; je n'en vois pas la raison, car il est bien formé; en tout cas, il était si adéquat à la chose qu'il voulait exprimer que tout le monde s'en sert, ce qui marque en somme qu'il était frappé au bon coin.

que 15 kilogrammes et demi d'argent, les possesseurs de lingots d'argent achetaient de l'or en France et le payaient avec quinze fois et demie son poids, en argent transformé par la frappe en pièces de cinq francs, et il restait entre les mains des importateurs d'argent, à titre de bénéfice, un certain poids d'argent non employé.

« Quand la variation se produisait en sens inverse, c'était l'argent qui émigrait et l'or qui affluait en France : d'où l'on a pu dire que pendant une centaine d'années notre double étalon n'a été, en réalité, qu'un étalon alternatif plutôt qu'un étalon double..... cela n'avait pas alors beaucoup d'importance, car les oscillations avaient peu d'amplitude. »

Mais après 1870, principalement sous l'influence de l'adoption de l'étalon d'or par l'Allemagne en 1871, et de la démonétisation au moins partielle de ses pièces blanches qui en a été la conséquence ; par suite aussi de la limitation, puis de la suppression de la frappe dans les hôtels des Monnaies de l'Union latine entre 1873 et 1878, jointes à un surcroît de production colossal, la baisse de l'argent a commencé, puis s'est précipitée : au lieu de 222 fr. 22, il ne valait plus environ que 220 francs en 1872, 190 francs en 1880, 177 francs en 1885, 174 francs en 1890, et il vient de faire dans ces deux dernières années une nouvelle et plus terrible chûte aux environs de 100 francs.

Une pareille baisse sur une matière aussi répandue, et dont la masse est assez importante pour valoir encore plusieurs milliards, n'est pas sans avoir suscité de nombreuses plaintes et, ce qui est plus grave, causé d'énormes dommages de diverses natures : la masse des économistes s'est aussitôt divisée en deux camps, tous deux fort nombreux, tout bouillants et malheureusement bien armés, ce qui prolonge la lutte : « Réunissez-vous pour former une entente internationale, disent les-uns, adoptez le double étalon, ouvrez vos hôtels de Monnaie à la libre frappe, et le cours de l'argent reverra ses beaux jours ; vos espèces reprendront leur valeur actuellement dépréciée, l'agriculture et le commerce sortiront de la période néfaste où la crise des changes les a fait entrer, tout ira pour le mieux dans le meilleur des mondes, et vous reviendrez, économiquement parlant, à la vie et à la santé ».

« Gardez-vous en bien, répondent les autres : si vous avez le malheur de faire ce pas en arrière, pour donner à l'agriculture et à l'industrie, dont vous exagérez d'ailleurs les souffrances, un encouragement fort problématique, vous allez accumuler chez vous des quantités énormes d'un métal avili, dont vous essaierez de maintenir les cours pour un temps, mais qui ne peut manquer de vous rester bientôt pour compte, entraînant ainsi des ruines et des catastrophes finales auprès desquelles le malaise général actuel n'est rien : sachez souffrir et luttez : vous ressemblez à un malade qui, pour calmer ses douleurs, veut prendre un remède héroïque et n'obtient souvent d'autre résultat que de se faire emporter. »

Toute la question monétaire est dans ces quelques lignes : chacun penche d'un côté ou de l'autre et, s'il combat, défend le terrain pied à pied avec plus ou moins de vivacité.

M. Louis Bamberger, par exemple, l'un des maîtres de la question, côté monométallisme, à l'occasion d'une proposition tendant à la reprise du double étalon par l'Allemagne, a écrit dans son style imagé : « Si l'on se décide à une entreprise absurde, il vaut mieux ne faire intervenir en rien la raison ; c'est ainsi qu'agirent les membres du Parlement qui proposèrent tout uniment, les gaillards, que l'Allemagne reprît la frappe de l'argent sur l'ancien pied ! Il ne fallait même pas attendre une entente internationale pour procéder à cet acte intrépide. Lorsqu'on veut être aveugle, il ne faut pas laisser le moindre rayon pénétrer dans l'obscurité où l'on se complaît (1). »

M. A-J. Balfour, qui n'est certes pas le premier venu, côté bimétallisme, a dit d'autre part : « L'opinion économique scientifique a fait, depuis plusieurs années, une évolution vers le double étalon... tout homme qui émet aujourd'hui quelques-uns des vieux arguments sur l'offre et la demande rendant impossible la fixation d'un rapport entre les deux métaux, ou toute autre doctrine telle que celle qui consiste à dire que l'intervention de l'État pour fixer les prix doit nécessairement échouer, tout homme qui a recours aujourd'hui à des arguments de cette sorte pour montrer que le double étalon est impossible, ne fait rien moins que s'inscrire au-dessous d'un individu ignorant des derniers développements scientifiques de l'économie politique (2). »

Je voudrais, en donnant mon sentiment, me tenir à égale distance de ces deux opinions extrêmes, ou tout au moins tenir la balance plus égale entre les divers arguments, souvent dignes d'attention, par lesquels on les défend.

(1) L. Bamberger. *L'Argent*. Traduction française, p. 280.
(2) La conférence bimétallique de Londres. Wehrung, p. 48.

## III

Commençons par approfondir un peu la notion de la monnaie.

Tous les traités d'Économie politique nous apprennent que la monnaie est à la fois une mesure de valeur, un signe représentatif de la valeur, et par là un moyen d'échange. Chacune de ces propriétés, envisagée du point de vue spécial où nous nous sommes placés, donne à la question qui nous occupe un aspect différent.

Dire que la monnaie est une mesure de valeur, c'est dire que la monnaie est elle-même une valeur dont on se sert comme d'unité pour mesurer toutes les autres : on ne peut en effet mesurer les unes par rapport aux autres que des choses similaires, homogènes, comme on le dirait en algèbre, une longueur par une longueur, un poids par un poids, une durée de temps par un temps. Mais ce qui complique ici la mesure, ou plutôt ce qui empêche de la définir d'une façon ferme et absolue, c'est le caractère variable de l'unité : alors que toutes les autres unités fondamentales dont nous nous servons dans la pratique sont des quantités fixes, parce qu'elles reposent elles-mêmes sur la fixité et l'invariabilité pratiquement absolues de notre système solaire, le mètre, qui dérive de la dimension du globe terrestre, le gramme, qui dérive de son attraction, c'est-à-dire de la pesanteur, la seconde, qui dérive de la durée de sa révolution autour du soleil, la valeur, au contraire, ne peut être mesurée que par une autre valeur essentiellement variable comme elle, parce que, comme le dit excellemment Jevons, « *elle n'est qu'une qualité accidentelle d'une chose relativement à d'autres et aux personnes qui en ont besoin* ». Il en résulte que lorsque leur rapport change, on ne peut savoir d'une façon certaine si c'est l'une qui a grandi ou l'autre qui a diminué : si un sac de blé qui valait autrefois 20 francs en vaut aujourd'hui 25, il est à peu près impossible de savoir si le blé a renchéri ou si, dans cet intervalle, la valeur du poids d'or ou d'argent qui représentait la valeur de ce sac de blé a baissé, en d'autres termes, comme disent les économistes, si la puissance d'achat de la monnaie a diminué. C'est là un fait très important, et qu'on doit toujours avoir présent à l'esprit quand on discute la question fort délicate et fort intéressante à la fois de la variabilité des prix : les Anglais ont essayé d'estimer jusqu'à un certain point ces variations en prenant un certain nombre d'articles de consommation courante, tels que le café, le sucre, le thé, le tabac, les pommes de terre, la viande, etc., et en comparant leurs prix à différentes époques, estimant que la moyenne des variations, caractérisée d'une certaine façon par un chiffre qu'il ont appelé *index number*, avait plus de chances d'être soustraite à l'influence de la loi générale de l'offre et de la demande que le prix d'un article unique, et pouvait par conséquent servir d'*indication*.

On n'est pas arrivé par cette méthode à des résultats absolument certains et hors de discussion : mais il suffit de constater qu'on a voulu les mesurer pour être conduit à admettre la variabilité de valeur des espèces : et il faut bien en effet se représenter que l'or et l'argent, sujets à des fluctuations comme tout le reste, doivent par conséquent, à ce point de vue, être assimilés aux autres marchandises, telles que le blé, le vin, le coton, par exemple; que si nous perdons de vue cette notion pourtant si claire et si simple, c'est parce que, mêlés à notre vie journalière et nous servant toujours de mesure, ils nous paraissent, contrairement à la réalité, absolument fixes par rapport aux autres, exactement comme la rive immobile d'un lac paraît se mouvoir dans un sens ou dans l'autre au voyageur qui se trouve sur le pont d'un bateau en marche et qui se prend pour point de comparaison.

Mais on voit combien ce sentiment est faux, et il serait tout aussi faux, un moment de réflexion le fera comprendre, de s'imaginer que si la valeur de l'or ou de l'argent est variable par rapport aux autres marchandises, le rapport de leur valeur peut rester fixe; si l'un et l'autre varient, comme ils le font en effet, par suite d'une foule de circonstances extrêmement complexes au nombre desquelles il faut évidemment compter en premier lieu le montant de la production, comment pourrait-il se faire qu'il varient toujours dans le même sens et dans la même proportion, et qui ne voit l'impossibilité d'une pareille hypothèse? Si les bimétallistes nous démontraient cependant pratiquement, et je dirai plus loin qu'ils en ont bien la prétention, qu'on peut rétablir et maintenir à tout jamais, à l'aide de certaines réglementations, le rapport fixe de valeur entre le métal jaune et le métal blanc que nous avons vu subsister pendant près d'un siècle, il n'y aurait aucune raison de ne pas prendre les deux pour unités, de la même façon exactement que nous prenons, en fait de longueurs, le mètre pour les dimensions ordinaires et le kilomètre pour les mesures itinéraires ; mais comme il n'existe *naturellement* aucun rapport invariable entre les deux, que ce rapport invariable ne peut résulter que de décisions arbitraires, on peut même dire tyranniques et contraires aux lois économiques, on doit, sans crainte de se tromper et d'être démenti, affirmer hardiment qu'on peut comparer la valeur d'un objet à celle d'un certain poids d'or, ou à celle d'un certain poids d'argent, qu'on peut en d'autres termes prendre soit l'or, soit l'argent comme unité ; mais qu'à moins d'artifice, c'est-à-dire d'une mesure discutable, peut-être dangereuse, et dont il faut par conséquent se méfier, il est absolument impossible de dire que ce poids d'or et ce poids d'argent, auxquels je comparais tout à l'heure un troisième objet, auront toujours, quelles que soient les circonstances de temps et de lieu, une valeur équivalente, et l'on en conclura que le fait d'avoir un double étalon monétaire est *théoriquement* une absurdité, et *pratiquement* une anomalie.

La monnaie est également, dit-on, un étalon et un signe représentatif de la valeur : avec cette généralité, et en prenant les choses au pied de la lettre, je me permettrai de dire que cette proposition tant répétée contient beaucoup d'inexactitude.

La valeur d'un objet dépend de l'utilité qu'il nous offre pour la satisfaction de nos besoins ou seulement de nos désirs ; nous comprenons clairement la valeur du blé qui nous nourrit, du cheval qui nous porte ou qui nous traîne, de la maison qui nous abrite; nous comprenons aussi bien la valeur d'un beau tableau qui nous charme, des diamants ou des perles qui servent à notre parure; mais en dehors d'une certaine portion relativement minime de la production des métaux précieux qui sert à la fabrication de divers objets artistiques ou industriels, à quoi peuvent nous servir l'or et l'argent, sinon à faciliter nos échanges, fonction purement conventionnelle et que l'on pourrait aisément s'imaginer remplie d'une toute autre manière et par de tout autres procédés? Comment peut-on dès lors affirmer, comme on le fait partout, que la valeur des métaux précieux est une valeur stable, intrinsèque, alors que si, pour une raison quelconque, ces métaux venaient à être discrédités comme monnaie, cette valeur baisserait dans des proportions colossales ? Et si, quelque peu abusé par les apparences, on pouvait soutenir cette thèse jusqu'il y a vingt ans, qui pourrait la défendre aujourd'hui qu'une simple décision d'un petit nombre de gouvernements européens, affectant à peine cent cinquante millions d'hommes sur les onze à douze cents qui s'agitent, travaillent et commercent à la surface du globe, a suffi pour crever ce ballon aux couleurs séduisantes, mais creux et vide, de l'inflation du prix des métaux ?

Que cette convention soit néanmoins très fortement établie, c'est ce qu'il serait puéril de nier ou même de contester : lorsque de nombreuses générations ont trafiqué pendant des siècles par les mêmes moyens, on ne leur enlève pas d'un seul coup la confiance qu'elles ont mise depuis la plus haute antiquité dans l'instrument qui leur a servi, et la force vive qui s'est en quelque sorte accumulée au cours des temps dans la machine économique est parfaitement capable de lui conserver sa vitesse pendant une certaine période ; mais si la cause du mouvement a cessé, si les résistances se sont accumulées en silence, il peut arriver un moment où, tout d'un coup, par l'influence d'une nouvelle cause venant s'ajouter à celles qui déjà préexistaient sans être soupçonnées, la machine craque et tout s'effondre.

Il est facile d'appliquer ce raisonnement à la baisse de l'argent. Le progrès continu, le développement du commerce et surtout celui du bien-être ont amené une transformation très réelle et dont on n'a pas, je crois. suffisamment fait ressortir l'énorme importance, dans la pratique mécanique des échanges ; l'usage des chèques, moins répandu qu'aujourd'hui (où il l'est encore si peu, sauf dans les pays anglais), n'était pas là pour empêcher le transport de ces gros sacs d'écus que les hommes de ma génération se souviennent encore d'avoir vu, dans leur enfance, porter péniblement sur le dos des garçons de recettes, et dont la masse gênait à tout instant dans les transactions quotidiennes ; la découverte des mines d'or de la Californie a permis, vers le milieu du siècle, de frapper assez de pièces jaunes pour satisfaire le goût du public à l'égard d'une monnaie plus jolie et surtout moins encombrante; aussi, sans la demande des pays orientaux arriérés, où les traditions ont plus de force et qui en sont encore à la monnaie blanche, l'argent aurait probablement rapidement baissé : mais soutenu par les demandes de l'Orient comme il l'était du reste encore artificiellement par la liberté de la frappe, il a conservé son cours, et le mal a augmenté sans que les symptômes extérieurs se produisissent, jusqu'au jour où l'adoption de l'étalon d'or par l'Allemagne en 1871 et la suspension de la libre frappe dans les Monnaies de l'Union latine ont révélé le danger caché de la situation.

A ces deux mesures déjà fort graves par elles-mêmes, est venue se joindre une augmentation formidable de la production qui, de 250 millions, est montée rapidement après 1870 à 400 millions, puis à 500, et a dépassé le milliard en 1893. Il a bien fallu dès lors reconnaître que cette forte valeur de l'argent reposait en partie sur une convention pure, et que son usage comme monnaie l'avait seul soutenue jusqu'ici : or, parmi les peuples civilisés, on peut dire que personne n'en veut plus, parce qu'on le trouve désagréable à manier et à porter : quel serait le bimétalliste le plus convaincu, sous les yeux duquel tomberont ces lignes, osant affirmer qu'il ne cherche pas toujours à réduire sa monnaie blanche, de façon à n'avoir jamais en sa possession que la monnaie d'appoint nécessaire pour ses besoins journaliers?

Comme le propre des tendances humaines est de rechercher toujours une augmentation de bien-être, il paraît à peu près certain que l'argent, discrédité pour les échanges chez les races supérieures, n'y reprendra jamais ses fonctions intégrales de monnaie et sera confiné dans le rôle qu'il y joue déjà de monnaie d'appoint; il paraît également assez probable que, avec la lenteur qui caractérise toutes les choses d'Orient, le métal blanc arrivera dans la suite des temps, soit par notre exemple, soit parce que le progrès finira bien par entamer à leur tour les races inférieures, à se déprécier encore bien davantage ; mais nous ne sommes pas à la veille d'une pareille révolution : en tout cas, je crois ces raisons suffisantes pour montrer qu'en considérant le métal qui constitue la monnaie comme un gage et un étalon de valeur, on fait en quelque sorte un cercle vicieux, parce que sa valeur est fondée au contraire, pour la plus grande partie, précisément sur ce rôle de monnaie.

Il serait plus exact de dire que la valeur de la monnaie repose « sur la force de l'habitude et des conventions sociales » ; et comme cette habitude ne paraît pas avoir beaucoup de chances de se rétablir pour l'argent ; que l'or, aujourd'hui tout à fait en faveur, a des qualités réellement fort supérieures, étant plus beau, plus cher, plus dense et plus inaltérable que son concurrent ; que ces qualités ont toute chance de lui maintenir, autant du moins que cela est possible, la faveur « de cette habitude et de ces conventions », c'est-à-dire, au fond, sa valeur, il me paraît résulter fort clairement de ce que je viens de dire que, si au point de vue théorique, le double étalon ne se peut comprendre, en pratique l'étalon d'or est seul admissible.

La monnaie est enfin un moyen d'échange, c'est-à-dire que par suite des deux propriétés que nous venons jusqu'à un certain point de lui reconnaître, elle est le moyen le plus commode et le plus employé pour nous servir d'intermédiaire dans nos ventes et nos achats : si nous louons notre travail, par exemple, on se servira en général, pour le rétribuer, non pas directement de blé, de vin, de vêtements, mais d'une certaine quantité de monnaie, c'est-à-dire de pièces d'or ou d'argent, qu'on nous remettra et dont nous nous servirons à notre tour pour acheter, au fur et à mesure de nos besoins, tout ce qui sera nécessaire ou agréable à notre existence.

Je ne pourrais que répéter ici, au point de vue de la pratique des échanges, ce que je viens de dire sur la dépréciation de l'argent à un point de vue différent : la première qualité de la monnaie étant d'être facilement transportable, une monnaie pesante devient vite encombrante; l'usage général peut bien maintenir pendant plus ou moins longtemps le niveau de sa valeur, mais seulement jusqu'au jour où, par suite d'une circonstance quelconque, une fissure se produit et le fait rapidement baisser. Sans vouloir pousser les choses trop loin et toucher un sujet que je n'ai pas le temps de traiter, ni même de résumer ici, on pourrait dire que cet inconvénient, si sensible pour l'argent, se fait également sentir, quoiqu'à un moindre degré, pour l'or, et qu'il n'est pas défendu de se figurer un temps où la monnaie d'or elle-même nous paraîtra lourde et gênante, et où on cherchera à s'en défaire comme on se défait aujourd'hui du métal blanc : tout le monde peut se rappeler cette circonstance singulière et vraiment plaisante, quand on ne réfléchit pas, des plaintes nombreuses suscitées naguère par la Banque lorsque, arrivée à la limite de son émission, elle a été forcée de payer ses créanciers en or au lieu de leur donner des billets ! Je crois donc qu'on peut facilement prévoir le temps où nous ne voudrons plus que de la monnaie de papier; mais il est bien entendu qu'il ne faut pas confondre cette monnaie de papier, dont je parle, gagée par les métaux précieux enfouis dans les caves des Banques, avec le papier-monnaie des gouvernements embarrassés qui n'est gagé que sur leur crédit fort problématique ; car, ainsi que le dit parfaitement M. L. Bamberger: « Il y a ceci de remarquable et qu'on ne saurait assez avoir présent à l'esprit dans l'ensemble de ces phénomènes: ce n'est pas la nécessité d'être muni effectivement du métal précieux qui se produit dans certaines circonstances; il s'agit seulement de fortifier la foi du public dans la possibilité d'être mis en possession de ce métal. »

En résumé, je crois avoir démontré, en examinant sommairement les trois rôles de la monnaie : 1° que, si on envisage la monnaie comme mesure de valeur, l'étalon monétaire unique est théoriquement le seul acceptable, qu'il soit d'or ou d'argent ; 2° que, si on l'envisage comme gage régulier de valeur, l'or et l'argent ont pu l'un ou l'autre servir d'étalons dans le passé, mais que, pour le présent, l'argent tend de plus en plus à se déprécier et que cette dépréciation ayant toutes chances possibles de se maintenir, sinon d'augmenter, l'or est actuellement le seul étalon défendable ; 3° enfin, qu'au point de vue de la pratique mécanique des échanges, l'or lui-même est un peu encombrant, et que nous tendons à ne plus nous servir d'argent ni d'or, sauf pour des transactions de plus en plus réduites, mais uniquement de papier gagé.

## IV

Condensée de la sorte, la question de l'étalon monétaire paraît fort simple en théorie; il s'en faut de beaucoup qu'elle le soit autant dans la pratique.

Si l'on supposait qu'on peut faire table rase du passé, c'est-à-dire des habitudes prises et des conventions acceptées par des millions d'hommes depuis des siècles, et si l'on avait à établir de toutes pièces un système monétaire nouveau, la question du simple et du double étalon pourrait déjà prêter matière à discussion. Les bimétallistes soutiennent, en effet, que le double étalon a des qualités intrinsèques qui peuvent le faire préférer.

Ainsi la première difficulté qui se présente en matière de monnaie est la question de sa quantité; il est évident que si la monnaie a des chances de manquer, et l'on sait combien sa pénurie est gênante pour le commerce, il vaut mieux avoir à sa disposition l'or et l'argent que l'or seul : mais cette raison ne nous intéresse pas; nous avons en France toute la monnaie dont nous avons besoin, plus que nous n'en avons besoin, et il n'y a pas là pour nous motif à défendre le double étalon : cet argument a d'ailleurs beaucoup perdu de sa valeur depuis le développement prodigieux des mines de l'Afrique australe qui n'est pas près de s'arrêter.

On dit encore que ce régime a une action compensatrice, tant sur le prix des marchandises que sur celui des métaux précieux.

Pour les métaux, cela paraît évident au premier abord; car si l'un des deux vient à baisser dans un pays quelconque, j'ai déjà expliqué comment il y a tendance à l'importer dans un pays de double étalon, pour l'y faire frapper à la Monnaie de ce pays ou l'y échanger immédiatement contre une valeur équivalente au rapport légal du métal en hausse : de là raréfaction du métal en baisse et soutien des cours : comme le dit M. S. Jevons, reproduisant les arguments de MM. Wolowski et Courcelle-Seneuil, ces « alternances ne peuvent empêcher les deux métaux d'augmenter ou de diminuer de valeur relativement aux autres marchandises; mais elles peuvent affaiblir l'amplitude des variations en les étendant sur une surface plus considérable, au lieu de laisser chaque métal livré à des accidents purement locaux.

« Imaginez, ajoute-t-il, deux réservoirs d'eau dont chacun, indépendamment de l'autre, reçoit et distribue le liquide en quantités variables. Si aucune communication n'existe entre eux, le niveau de l'eau dans chacun de ces réservoirs ne sera sujet qu'à ses propres fluctuations. Mais si nous établissons une communication, l'eau dans les deux réservoirs tendra à prendre un certain niveau moyen, et si l'eau est, d'un côté ou de l'autre, reçue ou dépensée en quantité excessive, l'effet se répartira sur l'aire totale des deux réservoirs. La masse des métaux qui circulaient dans l'Europe occidentale pendant ces dernières années est exactement représentée par l'eau de ces réservoirs et le tuyau de communication est la loi du 7 Germinal an XI qui permet à chaque métal de prendre la place de l'autre comme monnaie à cours forcé illimité. »

Pour les marchandises ordinaires, cette action régulatrice est beaucoup moins claire et beaucoup moins importante; en effet, les bimétallistes prétendent que les prix dépendent du cours du métal dont la valeur tombe au-dessous du rapport légal, c'est-à-dire du métal en baisse, ce qu'il faudrait démontrer, ce qui ne me paraît pas très sûr, et en tout cas ce qui est peu important, puisque le rapport de valeur des deux métaux ne peut jamais s'éloigner beaucoup du rapport légal. Si on admet cette proposition, il est évident que l'étalon alternatif qui sert ainsi de mesure parce qu'il a momentanément une valeur inférieure, a pour effet de diminuer à la fois et la hausse et la baisse de toutes les marchandises mesurées sur un étalon fixe, ou, en d'autres termes, restreint l'amplitude de leurs fluctuations.

Laissant de côté l'influence, d'ailleurs discutable, sur le prix des marchandises, et ne m'occupant que de la prétendue fixité du prix des métaux amenée par le régime du double étalon, je dirai, malgré les hautes autorités que je viens de citer et l'assentiment général qu'elles paraissent avoir sur cette question, même de la part de leurs adversaires économiques, que cette théorie me paraît tout à fait fausse.

Bien loin de nous sauvegarder de tout mal pendant trois quarts de siècle et d'être prêt à nous sauver encore, ce régime, après nous avoir donné une prospérité temporaire, comme tout régime protectionniste, nous a fait ensuite le plus grand tort en augmentant l'importance de la baisse actuelle et de ses funestes résultats.

Il a augmenté l'importance de la baisse actuelle en soutenant artificiellement, pendant toute cette période, le cours de l'argent, permettant aux mines, protégées pour ainsi dire comme des plantes en serre chaude, de se développer en dehors des conditions naturelles, en favorisant les études et les progrès de la métallurgie de l'argent, en préparant et aménageant en quelque sorte la surproduction, enfin en empêchant peut-être certains usages industriels de se développer ; et au lieu de l'image des deux réservoirs compensateurs dont parle Jevons, peut-être serait-il plus juste de comparer la loi de Germinal à un barrage dont la muraille a régularisé peut-être quelque temps, mais surélevé le prix de l'argent, jusqu'au jour où la quantité emmagasinée ou affluente a été si considérable qu'elle a tout emporté, le niveau s'abaissant tout à coup.

Quant à produire de funestes résultats, cela n'est pas douteux : le régime du double étalon, c'est le barrage dont je viens de parler qui arrête les petites crues mais finit par crever; c'est aussi le poids qui cale la soupape d'une chaudière et fait marcher la machine à bonne allure jusqu'à ce que la chaudière éclate ; c'est le pouvoir absolu qui nous donne quelques années de prospérité jusqu'à la première Révolution; c'est enfin tout ce qui empêche le libre jeu des lois naturelles jusqu'au jour où la force de ces lois comprimées fait éclater leurs entraves, ce qui n'est qu'une question de temps. Dans ce cas particulier, il est absolument certain que, sans l'institution du régime de Germinal, la baisse du métal blanc n'aurait été ni aussi subite, ni aussi prodigieuse, et fort probable que, répartie sur plusieurs dizaines d'années, peut être sur la période tout entière, elle aurait provoqué tout aussi peu de désastres qu'en ont provoqué les variations des XVI^e^, XVII^e^ et XVIII^e^ siècles.

Cela est tellement vrai que, si l'on consulte les cours des métaux précieux avant la Révolution, on voit que, malgré des variations considérables dans la production, variations qui, sans atteindre l'importance absolue de celles de nos jours, avaient certainement une importance relative beaucoup plus grande par suite du beaucoup moindre développement du commerce et de l'industrie, les variations de prix, elles, n'ont jamais atteint l'amplitude actuelle et n'en ont même jamais approché : je crois qu'il est impossible de ne pas attribuer cette fixité relative à la liberté des cours de ce temps. De sorte que, si l'on veut figurer sur un tableau les cours de l'argent sous le régime du simple et du double étalon, on trouvera dans le premier cas une ligne doucement ondulée, s'inclinant quelquefois plus ou moins, mais sans à-coup brusque, et dans le second une ligne droite pendant un nombre d'années plus ou moins grand avec une chute formidable au bout. Or, pour les besoins du commerce, quel est celui des deux qu'il faut craindre le plus? Il est inutile de répondre à la question.

## V

Je pense donc, tout bien pesé, que le régime de l'étalon unique a chance de donner au cours des métaux, envisagé d'un point de vue élevé, plus de fixité et non pas, comme on le soutient toujours, moins de fixité que celui du double étalon, à condition qu'on fasse porter les observations sur un temps assez long; mais le contraire serait-il vrai, et je ne le crois pas, ce défaut intrinsèque serait indépendant des conditions dans lesquelles le régime a été établi, et n'empêcherait pas les inconvénients qu'il entraîne lorsqu'il est introduit ou établi dans des pays déjà soumis pendant de longues années au régime du double étalon.

Ce n'est pas impunément, en effet, que, pendant trois quarts de siècle, nous avons permis d'apporter à nos Hôtels de Monnaie des lingots d'argent que nous rendions, moyennant une taxe infime, frappés à l'état de pièces de 5 francs : en procédant ainsi, nous et un petit nombre d'autres pays, nous avons fait le jeu des producteurs de métal et des propriétaires de mines, et accumulé dans les caves de notre Banque ou dans notre circulation une quantité colossale d'un métal aujourd'hui avili, évalué à la somme d'environ trois milliards de francs sur les vingt milliards que paraît contenir la circulation totale du monde, mais qui n'en vaut pas réellement la moitié.

C'est une très grosse perte assurément que nous faisons là, en ce sens que cet argent ne pourrait en aucune façon servir aux échanges internationaux, pour lesquels seul l'or a cours en ce moment, et que, notamment en cas de guerre, au moment où les réserves métalliques d'une nation sont sa sécurité et sa sauvegarde pour les achats intéressant la défense nationale et pour les dépenses de toute nature qu'elle peut provoquer, la solidité de l'appui sur lequel on croyait pouvoir compter est fortement diminuée.

Lorsqu'une nation riche, comme la France, a une grosse réserve bimétallique, c'est là un mal latent, très réel assurément, mais dont elle ne souffre point en temps ordinaire parce que les relations avec l'étranger peuvent se régler en or, et que le mal reste à l'état en quelque sorte *potentiel,* tant qu'une circonstance grave, et particulièrement une guerre malheureuse l'obligeant à disposer de la plus grande quantité de son stock métallique, ne vient pas fondre sur elle. Il n'en est pas de même des nations encore assez nombreuses à étalon d'argent, que cet étalon y soit légal comme dans l'Inde, ou pratiquement établi, comme en Espagne, par suite de l'insuffisance de la monnaie jaune et de la suspension des paiements en or qui en a été la conséquence : ces pays souffrent énormément sous certains points de vue (pas à tous, car nous allons voir un peu plus loin qu'ils sont au contraire favorisés par ailleurs) de la dépréciation de l'argent, puisque tous leurs achats à l'étranger ainsi que le paiement des intérêts de leur dette nationale et de leurs dettes industrielles, souvent garanti en or, se trouvent majorés du coup dans une plus ou moins forte proportion.

C'est ainsi que l'Inde se trouve dans une situation budgétaire grave, parce que, bien qu'elle perçoive ses impôts et que par conséquent ses ressources lui arrivent en argent, elle est obligée d'emprunter en or, de payer en or les intérêts de ses emprunts déjà émis, et, si elle ne sert pas les traitements ou les pensions de ses fonctionnaires en or, de les augmenter dans une forte proportion ; tous les États de l'Asie orientale, l'Indo-Chine française comprise, souffrent pour les mêmes motifs ; beaucoup d'autres enfin ont été acculés à la faillite et au papier-monnaie.

C'est donc là un mal indéniable, auquel nous avons

été assez heureux pour échapper pratiquement jusqu'ici en France parce qu'il frappe surtout les petits et les pauvres, mais qui mérite assurément toute notre attention, parce qu'il nous mine, après tout, et diminue sans conteste notre puissance financière : en revanche, nous avons été atteints et nous souffrons énormément de la *crise des changes* et des phénomènes économiques qui en ont été la conséquence : c'est là un fait extrêmement important, autour duquel les bimétallistes ont mené grand bruit, et qui mérite une vive attention.

Lorsque deux pays trafiquent ensemble et sont au régime du même étalon, qu'il soit d'or ou d'argent, le prix des marchandises s'établissant en réalité par un certain poids du métal régulateur, l'acheteur devra, pour le paiement de son achat, se procurer le poids nécessaire de métal, l'envoyer à la Monnaie nationale du vendeur, le faire frapper et le lui remettre ainsi en espèces. Pour éviter cet embarras, on sait qu'au lieu de faire ces opérations compliquées, il achète tout simplement du papier, des *lettres de change* qu'il remet à son créancier, soit directement, soit plus généralement par intermédiaire, et il solde ainsi sa dette. Il en résulte que le change entre deux pays de même étalon ne peut jamais dépasser le prix d'envoi du métal, de l'assurance et de la frappe, c'est-à-dire, avec les facilités de transport auxquelles nous sommes arrivés, un pourcentage assez minime.

Mais lorsque les deux pays qui trafiquent ensemble n'ont pas le même étalon monétaire, le raisonnement que nous venons de faire ne s'applique plus : ce n'est plus un métal de valeur constante que le débiteur est censé acheter pour payer le vendeur ou le créancier, mais un métal de valeur variable, dont le prix est susceptible de changement entre le moment où les contractants prennent leur engagement et celui où ils le réalisent ; il en résulte donc pour l'opération une certaine indécision qui vient se compliquer de l'influence que peut avoir sur le change le crédit de l'État frappeur, la solvabilité qu'on lui suppose, et qui peut amener par suite de grandes fluctuations. Or c'est là un gros sujet de trouble pour le commerce, parce que le bénéfice sur lequel un commerçant ou un industriel compte dans la vente de sa marchandise peut être diminué, annulé ou même changé en perte par cette variation, qui a pour effet de lui faire encaisser en monnaie nationale, c'est-à-dire celle-là même qui sert aux besoins de son industrie et à ses dépenses personnelles, une somme presque toujours différente de celle sur laquelle il comptait et pouvant, dans certains cas, être beaucoup moindre. Tout cela se traduit par un malaise général et une forte diminution dans les échanges : suivant l'expression courante, le commerce *ne va pas :* si M. Goschen, dans l'Introduction de sa célèbre *Théorie des changes étrangers,* a pu écrire en 1863 : « l'histoire des changes étrangers pendant les deux dernières années est une histoire de révolution », il n'aurait pas à sa disposition de terme assez fort pour caractériser toutes les crises qui l'ont assailli depuis lors !

Ce n'est pas tout : la baisse de l'argent a produit une autre conséquence importante, dont les effets ont été soigneusement étudiés et principalement mis en lumière par M. Théry dans de nombreuses publications ; on pourrait la définir d'un mot en disant que, par une sorte de prime à l'exportation et de taxe à l'importation qui se produit dans les pays à monnaie dépréciée, le commerce de ces pays est favorisé par rapport aux pays à monnaie saine ; un exemple me fera mieux comprendre : je l'emprunte à M. Théry.

Je suppose qu'un commerçant français achète du vin à Barcelone, où la monnaie espagnole subit une forte dépréciation par rapport à la monnaie française, et que, par suite de l'agio, cette dépréciation soit de 20 p. 100 : il en résultera qu'avec son billet de banque ou son or, ce qui revient au même, le commerçant français achètera pour 100 francs une quantité de vin valant 120 pesetas (on sait que, sans l'agio, le franc et la peseta auraient à peu près identiquement la même valeur). Si cette proportion était gardée en tout, si en d'autres termes le prix de toutes choses, des denrées, des salaires, etc., suivait absolument le cours du change, tous les prix espagnols seraient majorés à ce moment-là de 20 p. 100, et aucun effet fâcheux n'en ressortirait pour les relations internationales. Mais il n'en est pas ainsi parce que « la dépréciation de la monnaie espagnole n'est qu'extérieure, et que cette monnaie a gardé la même valeur à l'intérieur du royaume pour le paiement des impôts, des salaires, des loyers, des transports et les conditions générales de la vie ». Il en résulte que le producteur reçoit *réellement* pour son vin un prix majoré de 20 p. 100, que cette élévation de prix est toute à son avantage, et qu'elle constitue par conséquent une véritable prime à l'exportation.

En sens inverse, un producteur français, voulant vendre un produit quelconque en Espagne, par exemple du savon, devra demander 120 pesetas de ce qu'il vendrait en France ou dans un pays à monnaie saine 100 francs; les mêmes raisons que je viens d'exposer feront que l'Espagnol, s'il peut fabriquer lui-même du savon dans les mêmes conditions qu'en France, en fabriquera la même quantité pour 100 pesetas, ou peut-être, si les conditions sont plus difficiles, seulement pour 110 pesetas; mais il n'en résultera pas moins pour lui un véritable tarif protecteur qui lui facilitera l'écoulement de sa marchandise.

Ce raisonnement étant inattaquable, on comprend combien la dépréciation momentanée de la monnaie d'un pays peut favoriser, tout au moins pendant une certaine période, son commerce et son industrie. M. Théry en cite de nombreux exemples, dresse à l'appui de son dire des tableaux statistiques montrant la variation des importations et des exportations suivant celle du change, étendant son étude à tous les pays à monnaie avariée, Italie, Portugal, République Argentine, Japon, Inde, etc.: tout cela est fort intéressant et extrêmement important, si important même qu'on ne peut nier la répercussion de cette crise monétaire sur notre système douanier, puisque ces sortes de primes à l'exportation, favorisant un assez grand nombre de pays avec lesquels nous trafiquons, nous ont peut-être, sinon obligés, du moins trop encouragés à entrer dans cette voie malheureuse de protectionnisme où nous n'avons trouvé que des déboires, parce que nous y avons compromis nos relations commerciales extérieures : je ne veux qu'effleurer ce sujet délicat, épineux, que ce n'est point ici le lieu de traiter et qui suffirait à lui seul à faire la matière de gros volumes.

Je reconnais donc, à l'encontre de beaucoup d'unimétallistes, le mal vraiment profond que la baisse de l'argent fait subir sous ce rapport à notre pays, et je ne suis étonné ni des plaintes des agriculteurs et de certains industriels, ni de l'empressement qu'ils mettent à vouloir essayer des panacées qu'on leur offre pour le guérir; mais avant de discuter la valeur du remède, il est essentiel de bien être éclairé sur l'étendue du mal, et très important de faire à ce propos les remarques suivantes.

D'abord la dépréciation de la monnaie ne doit pas être rendue seule responsable des maux dont les bimétallistes la chargent à peu près complètement : ainsi que M. P. Leroy-Beaulieu l'a souvent fait ressortir, c'est là une étrange illusion: « comment, par exemple, la baisse du blé aurait-elle pour cause l'abandon de l'argent par les nations européennes, quand les blés non indigènes que consomme l'Europe lui viennent des États-Unis, du Canada, de l'Australie, pays à étalon d'or, de la Plata et de la Russie, pays à monnaie de papier et, au moins pour cette dernière contrée, à change ascendant depuis trois ou quatre ans, et pour une fraction tout à fait secondaire, infiniment plus faible, de l'Inde, pays à étalon d'argent ? Comment la quantité relativement très faible que fournit l'Inde réglerait-elle les prix des quantités énormes que fournissent les États-Unis, le

Canada, l'Australie, la Russie, la Plata? » L'agriculture française ayant chargé la baisse de l'argent de tous ses maux, il était important de montrer que ces plaintes sont vaines, ou plutôt que ces accusations sont absolument fausses pour le blé : on pourrait en dire autant pour la laine et le bois, articles de grosse consommation, qui ont beaucoup baissé et qui nous viennent, celui-ci du Canada ou des pays scandinaves, qui ont l'étalon d'or, celle-là du Cap, de l'Australie ou de la Plata qui sont à l'étalon d'or ou à la monnaie de papier : on pourrait certainement en citer d'autres (1).

Il y a donc d'autres causes aux malaises de l'agriculture et du commerce, et si leurs accusations n'ont aucun fondement pour certains articles aussi importants que le blé, la laine et le bois par exemple, il y a des chances pour que l'atonie qui règne d'une façon générale sur les échanges ne soit pas uniquement et exclusivement due à la baisse de l'argent.

Mais comme, d'autre part, il y a évidemment quelque chose à prendre dans le raisonnement de M. Théry, et qu'on ne peut nier que, jusqu'à un certain point, la baisse de l'argent ne constitue une véritable protection pour certains pays, il semblera, je pense, à tout observateur raisonnable et raisonnant froidement que la vérité est entre les deux, et qu'il ne faut ni charger cette baisse de tous les maux, comme le font les uns, ni l'absoudre complètement comme les autres.

Il est d'ailleurs essentiel de remarquer qu'on doit

(1) Pour les grains, par exemple, le total importé en France de Russie, d'Australie, des États-Unis et de la Plata s'est élevé respectivement, en 1885, 1892 et 1893, aux sommes de 123, 323 et 192 millions de francs, contre 15, 36 et 7 millions importés de l'Inde.

tenir pour partiellement fausse cette assertion des bimétallistes que le pouvoir libératoire des monnaies dans les pays à monnaie avariée ne change pas : ce pouvoir ne varie pas brusquement, cela est vrai, il ne suit pas les variations journalières de l'agio ; mais si, pendant une assez longue période, le change reste élevé, la monnaie tend à se déprécier, même à l'intérieur. Le fait est facile à constater, et je l'ai souvent constaté moi-même, surtout dans les pays d'outre-mer où l'industrie est peu développée, et où le prix des objets manufacturés, fabriqués en pays étranger et devant être par conséquent payés en bonne monnaie, hausse bien vite dans la proportion même du change : cette hausse ne tarde pas à avoir sa répercussion sur les salaires, et par les salaires sur tout le reste : il y a donc là, cela ne fait pas de doute, une atténuation du mal, qui se produit lentement, mais sûrement, et qui doit même finir par l'effacer complètement, parce que la hausse du change ne peut pas être indéfinie et qu'elle a forcément une limite.

La dernière observation est de beaucoup la plus importante : elle nous aidera à décharger dans une très forte proportion l'unimétallisme de tous les griefs dont on l'accable.

En effet, par un artifice assez ingénieux, mais qu'on ne saurait démasquer avec trop d'énergie, les bimétallistes groupent généralement ensemble, on vient de le voir, tous les maux causés par la crise des changes, et n'ont pas l'air de se douter que, si la baisse de l'argent a pu compromettre nos relations avec l'Espagne, l'Inde et le Japon, elle ne peut *en rien* être accusée des maux provenant, dans une plus grande proportion et pour des causes analogues, de la République Argentine, du Brésil, de la Russie et de l'Italie, qui ont aussi une monnaie dépréciée, mais cette fois de papier et non plus d'argent (1). Or leurs raisonnements s'appliquent malheureusement trop bien à ces nouveaux cas, et tous les arguments qu'ils donnent pour démontrer que les uns se trouvent bien de la monnaie d'argent sont tout aussi bons pour démontrer que les autres se trouvent bien de leur papier-monnaie ; il en résulte que l'avilissement de la monnaie, quelle qu'en soit la cause, constituerait, pour les pays qui ont le bonheur d'en jouir, une protection admirable ; et par conséquent, pour être logiques, les bimétallistes devraient de toute nécessité, comme on le leur objecte, reconnaître qu'il faut, suivant le langage un peu vif de M. L. Bamberger, « chercher toujours à avoir une monnaie plus dépréciée que celle de n'importe quel pays avec lequel on trafique ; ce qui est véritablement extravagant. »

Il n'ont jamais paré ce coup droit.

(1) Le commerce extérieur de la France, importations et exportations comprises, se divisait en 1893 de la façon suivante entre les divers pays (en ne négligeant que quelques contrées sans importance) :

| | | | |
|---|---|---|---|
| Pays à étalon d'or................ | 4.310 | millions | de francs. |
| Pays à monnaie de papier........ | 1.015 | — | — |
| Pays à étalon d'argent........... | 790 | — | — |

c'est-à-dire que les pays à étalon d'argent ne figurent dans le total que pour un peu moins de 13 p. 100 (exactement : 0,128) ; la proportion était légèrement plus forte (0,137) en 1885.

## VI

En présence de ces maux de diverses natures, affectant si profondément tant de sources d'intérêts, on pense bien qu'il n'a pas manqué de médecins — de toutes les facultés, y compris celles d'Amérique — pour prescrire des remèdes et instituer des régimes qui doivent tous sauver la vie du malade et le faire revenir à la santé. Il y a même, en ce moment, une recrudescence extraordinaire d'efforts et l'agitation bimétalliste est peut-être à son apogée ; congrès et commissions préparent à nouveau la table verte et les écritoires autour desquelles on discutera encore longuement, sans probablement — et heureusement — prendre plus de décisions que par le passé : je voudrais examiner les quelques solutions proposées pour parer aux inconvénients signalés en relevant les cours de l'argent ; je voudrais aussi montrer leur inanité, la faiblesse des raisonnements invoqués à l'appui des affirmations les plus audacieuses, et, si j'osais dire toute ma pensée en un mot, la folie de pareils projets.

La première mesure qui devait venir à l'esprit était bien simple : l'argent baisse parce que l'offre est supérieure à la demande et que les producteurs ne trouvent pas d'acheteurs : eh bien ! l'État n'est-il pas là pour venir à leur secours et acheter sur le fonds commun, à des prix majorés puisqu'il les soutiendra lui-même artificiellement, cette marchandise dont les malheureux propriétaires de mines ne peuvent pas se défaire à un prix raisonnable? l'État n'est-il pas le protecteur naturel de ses sujets et, en contribuant à soutenir le cours d'un produit national, ne sert-il pas l'intérêt public?

On croit rêver en entendant un pareil raisonnement : et dire qu'à la fin du XIX<sup>e</sup> siècle, il a pu se trouver un grand pays pour se faire, sous l'influence de politiciens éhontés, l'instrument d'une pareille cause!

On connaît les faits : pour combattre la baisse de l'argent qui s'est déclarée après 1873, le parlement américain, sous la pression des *Silver men,* adopta en 1878 le *Bland Bill,* d'après lequel le Trésor devait acheter tous les mois 2 millions d'onces d'argent au prix moyen du marché.

Cette mesure n'ayant pas suffi, le *Sherman Bill* l'a complétée en 1890, en faisant acheter mensuellement par le Trésor, non plus 2 millions, mais 4 millions et demi d'onces, de sorte que, en un peu plus de quinze ans, le Trésor américain s'est offert, aux frais du contribuable et pour faire plaisir aux *Silver men,* plus de 15000 tonnes d'argent pour un prix total dépassant 500 millions de dollars ou 2 milliards 500 millions de francs.

On émettait bien du papier, des *Silver certificates,* en représentation du métal blanc qui encombrait les caves de la banque; mais les Américains sont gens pratiques, et se méfièrent bientôt; une crise se déclara, les affaires furent suspendues, et l'or fut exporté à l'étranger : il fallut bien suspendre les achats ruineux, abolir le Shermann Bill (octobre 1893), et laisser l'argent, par une chute brusque, retourner à son cours naturel; en voulant contrarier les lois économiques, on avait, sans aucun résultat pratique, dépensé des sommes considérables, porté aux affaires un coup dont elles ne se sont pas encore relevées et mis l'État dans une situation critique.

Cet exemple cuisant est, je crois, de nature à empêcher dorénavant et pour longtemps le retour d'une pareille manœuvre, qui ne trouvera probablement plus de champion.

On a prôné également d'autres moyens sur lesquels je passerai rapidement, parce que je ne crois pas qu'ils aient jamais chance d'aboutir ni même d'arriver à un commencement d'exécution.

On a notamment parlé d'une entente entre les propriétaires de mines, qui restreindraient leur production d'après une échelle graduée suivant le cours du métal : si de pareils syndicats peuvent exister pour la production de matières monopolisées entre un petit nombre de mains, mercure, pétrole, zinc, charbon même dans des bassins spéciaux, etc., leur fonctionnement est d'autant plus difficile que le champ de leur influence s'étend, et il devient matériellement impossible lorsqu'il embrasse le monde entier. Voit-on la masse, non seulement des gros, mais des petits propriétaires de mines des États-Unis, du Mexique, du Pérou, du Chili, de la Bolivie (sans compter les autres), s'engageant à limiter leurs bénéfices en présence d'une hausse de l'argent, et les limitant de fait avec une abnégation merveilleuse sans qu'aucun contrôle soit matériellement possible? Qui ne sentirait l'impossibilité d'une pareille utopie ?

On a même proposé un moyen plus radical : c'est de faire imposer par les gouvernements respectifs la fermeture des mines d'argent : les États-Unis consultés ont répondu que l'état de leur législation ne leur permettait pas une pareille mesure de coercition : il n'y a pas que la leur, heureusement : on ne comprendrait pas très bien, d'ailleurs, un État arrêtant chez lui d'autorité une production, c'est-à-dire une source de richesse, qui, dans ce cas particulier, atteint des centaines de millions. De plus, les inventeurs de ce beau projet ne nous disent pas s'ils croient qu'on amènerait facilement les États Sud-américains à agir de même, ni ce qu'on ferait et des mines auro-argentifères, et des mines plombo ou zinco-argentifères, toutes très nombreuses, où l'argent ne peut être séparé du métal auquel il est associé qu'en dernière analyse, c'est-à-dire à la dernière phase du traitement. Interdira-t-on l'exploitation de ces mines d'or, de plomb etc., parce qu'elles contiennent de l'argent, ou l'autorisera-t-on en confisquant l'argent qui sera retiré ? Et si on le confisque, en totalité ou en partie, croit-on que les frais d'exploitation seront aisément couverts, et qu'on ne rendra pas cette exploitation impossible ? Dès qu'on veut introduire une réglementation quelconque, on tombe dans des chinoiseries insensées.

Mais la mesure radicale, la seule dangereuse parce qu'elle est la seule à avoir une chance, si minime soit-elle, d'être adoptée, c'est la mesure proposée par les bimétallistes purs, et patronnée, contre toute attente, par des comités à si gros personnages officiels, si remuants, si bruyants, paraissant si convaincus, qu'ils font tout de même trembler un peu les gens persuadés de la vanité de leur thèse et de l'inefficacité de leurs efforts.

En France, notamment, sans compter l'étranger où des mouvements analogues se produisent, la ligue nationale bimétalliste qui vient de se former compte parmi ses dignitaires d'anciens présidents du conseil des ministres, des gouverneurs et anciens gouverneurs de la Banque de France, des sénateurs, députés, présidents des chambres de commerce, syndics d'agents de change, etc., en un mot des gens très influents, c'est-à-dire que, pour quelqu'un convaincu du mal colossal que l'adoption du double étalon entraînerait, étant donné même le peu de chance qu'il y a de le voir rétabli, cette ligue constitue un gros danger qu'il est du devoir de ses adversaires de combattre par tous les moyens ; et ce ne serait pas une excuse suffisante pour ne pas le faire que de soupçonner un certain nombre de ces *gros bonnets* d'être un peu comme le *patito* espagnol « qui demande beaucoup, espère peu, et n'obtient rien. »

On connaît leurs aspirations : convaincus que les gouvernements ont le pouvoir de régler la valeur de la monnaie comme ils se figurent peut-être que le Dictionnaire de l'Académie peut régler la langue, ils demandent que, par une entente entre les grandes puissances métalliques, les hôtels des Monnaies soient ouverts à la libre frappe des pièces d'or et d'argent : tout individu pourra apporter à ces Monnaies confédérées des lingots de métal qui lui seront rendus moyennant un léger droit de frappe (ou même sans droit, comme en Angleterre) à l'état de monnaie nationale : de sorte qu'un lingot d'un kilogramme d'argent, par exemple, valant 100 francs aujourd'hui dans le commerce, sera transformé, par cette simple opération mécanique, en pièces de cent sous valant plus de 220 francs.

Ils vous disent que ce lingot, qui vaut aujourd'hui 100 francs, n'a une valeur aussi réduite que par suite de la démonétisation de l'argent : « la monnaie, ajoutent-ils, emprunte à ses fonctions un caractère tout particulier qui fait que sa valeur est conventionnelle : si vous lui enlevez ce caractère, elle devient une marchandise comme les autres et son cours ne dépend plus que de l'offre et de la demande : mais si vous la maintenez dans son emploi ou si vous le lui rendez, si vous l'acceptez dans vos caisses pour un prix déterminé à l'avance, l'argent aura la valeur que vous voudrez bien lui attribuer et sera absolument soustrait aux variations des marchandises, parce qu'il ne sera plus lui-même une marchandise, mais un étalon. Dès que vous aurez ouvert vos hôtels de Monnaie à la libre frappe, l'argent reprendra donc immédiatement son niveau, et ce n'est plus une matière à 100 francs le kilo qu'on vous portera, mais une matière à son prix normal de 222 fr. 22.

« D'ailleurs, la preuve que ce système a du bon, et qu'il est possible, c'est qu'il a fonctionné régulièrement pendant trois quarts de siècle, que pendant ce temps il a régularisé le cours des métaux précieux d'une façon merveilleuse et nous a donné une circulation monétaire excellente, à l'abri de tout reproche et de tout inconvénient : c'est seulement lorsque, à la suite de l'adoption de l'étalon d'or par l'Allemagne, vous avez cru devoir fermer vos hôtels de Monnaie que le métal s'est avili peu à peu jusqu'aux bas cours d'aujourd'hui : *post hoc, ergo propter hoc.* »

Je suis absolument convaincu que le raisonnement est abominablement faux; mais, à l'inverse des unimétallistes, je trouve qu'il est spécieux et qu'il demande une réfutation sérieuse.

Et d'abord, si la théorie précédente est admise, qui profitera de ce relèvement des cours? Pas nous, assurément, qui possédons fort peu de mines d'argent, mais les propriétaires des mines américaines, qui verront du coup, si ce raisonnement est exact, leurs produits doubler de valeur, à moins cependant que l'État ne veuille réaliser lui aussi, comme le lui ont proposé certains économistes, *son petit bénéfice,* en profitant de l'écart entre la valeur de la monnaie et celle des lingots au cours du jour, ce qui probablement aurait pour résultat de partager la bonne affaire entre les deux, suivant une cote mal taillée : opération simple et honnête, vraiment, qui ferait bientôt traiter avec juste raison l'État de faux monnayeur, avec beaucoup plus de raison que ne l'a été Philippe le Bel. Est-il vraiment séant soit de donner cet avantage à des étrangers, soit de le prendre malhonnêtement à son compte? Il semble bien que non; mais enfin, si cela ne devait faire de mal à personne, il n'y aurait peut-être pas motif suffisant à repousser cette mesure : malheureusement il n'en est rien.

En effet, si les bimétallistes ont en partie raison en disant que la valeur de la monnaie est conventionnelle, on peut dire qu'elle l'est surtout dans les circonstances ordinaires, pour les usages courants et pour des sommes relativement faibles; mais à la longue, ou sous l'empire de circonstances exceptionnelles, dans un moment de crise, par exemple, et pour des sommes que ne peut représenter une simple monnaie d'appoint, cette valeur conventionnelle se dérobe, et alors elle ne dépend pas d'un gouvernement, ni même d'une entente entre les gouvernements, mais seulement du consentement universel, lequel est fondé sur une foule de circonstances, et particulièrement sur cette chose mobile, capricieuse et soustraite à toute règle qui s'appelle la confiance. L'alliance de *toutes* les grandes puissances métalliques donnerait certainement au système proposé une force apparente très grande, mais le colosse aux pieds d'argile ne tarderait pas à s'écrouler, parce que jamais on ne pourra faire accepter par un peuple à son taux légal, malgré toutes les mesures possibles, une monnaie dans laquelle il n'a pas foi; si l'on voulait en convaincre les bimétallistes, on n'aurait qu'à leur rappeler toutes les monnaies de papier auxquelles les gouvernements embarrassés ont eu recours pour leurs paiements, depuis les assignats de la première République jusqu'aux papiers de couleurs variées, italiens, autrichiens, russes, argentins, etc., auxquels leurs gouvernements respectifs n'ont jamais pu maintenir leur cours d'origine, malgré tout le désir qu'ils en auraient eu; et si les bimétallistes répondent qu'il ne s'agit pas de papier, mais de véritable monnaie métallique, on pourrait leur proposer, en poussant leur raisonnement jusqu'à l'absurde, de faire frapper des écus ou des louis en cuivre, et de conseiller aux gouvernements gênés de les émettre à pleine valeur nominale! Or quelle différence y aurait-il entre les deux manières d'agir, celle qu'ils proposent et celle qu'ils repousseraient évidemment comme insensée, sinon une différence du plus au moins?

Lors donc qu'ils invoquent le passé et le fait d'avoir duré pendant de longues années comme une preuve manifeste que le régime bimétallique pourrait durer encore, on peut leur répondre : Le pouvoir absolu, lui aussi, a longtemps existé; il a donné de beaux jours à la France : serait-il encore possible aujourd'hui? L'inquisition a existé : serait-elle possible aujourd'hui? Voulez-vous convaincre les gens qu'ils doivent voyager en diligence ou dans des galères au lieu de prendre le chemin de fer et le paquebot? Voulez-vous leur persuader que la monnaie d'argent est plus légère et moins encombrante, plus commode en un mot pour leurs échanges que la monnaie d'or, maintenant qu'ils se sont habitués à cette dernière comme ils se sont habitués aux transports rapides?

Non; l'exemple du passé ne démontre qu'une chose : c'est que, si les circonstances étaient les mêmes aujourd'hui qu'autrefois, l'expérience pourrait être tentée avec succès; mais les circonstances ne sont plus les mêmes, d'abord parce que la confiance n'y est plus, puis, parce que les mœurs ont changé et qu'en matière de monnaie on a été habitué à être servi plus commodément : on n'a donc pas le droit de conclure de l'un à l'autre.

## VII

Malgré tout le poids de ces arguments, il faut bien avouer cependant que les bimétallistes ont un gros atout dans leur jeu : c'est qu'ils conseillent et demandent, pour faire disparaître des maux très réels, l'application d'un remède, je veux dire le bimétallisme *uni-*

*versel*, qui n'a jamais été essayé et dont par conséquent on ne peut pas démontrer avec *certitude* l'inefficacité : ils persévèrent donc dans l'erreur, de bonne foi souvent, je dirai même de bonne foi toujours, si l'on veut, en ce qui concerne nos compatriotes, entraînant après eux une masse de gens qui ne connaissent pas la question et qui se prennent au mirage des espérances qu'on fait luire à leurs yeux : la campagne entreprise et soutenue par la puissante et honorable société des agriculteurs de France n'a pas d'autre explication.

Admettons donc pour un instant que, réalisant les vœux exprimés, les grandes puissances s'entendent sur tous les points, et qu'elles rouvrent désormais leurs hôtels de Monnaie à la libre frappe, sans limites et sans conditions; ne chicanons même pas sur le rapport de 1 à 15,5 qu'on pourrait encore discuter, et essayons de prévoir ce qui se passerait.

On peut d'abord prédire une augmentation de production considérable; car de prétendre, comme on le fait dans le camp du double étalon, que c'est la baisse de l'argent qui a provoqué la pléthore du métal blanc dans ces dernières années, c'est là une de ces erreurs économiques qui sautent aux yeux les moins prévenus : et vraiment on dirait que, parce qu'il s'agit de métaux précieux qui sont extraits de l'autre côté de l'eau, on peut nous conter les histoires les plus invraisemblables et nous les faire accepter sans difficulté; c'est comme si l'on venait nous dire, à nous mineurs ou agriculteurs de France, que pour développer l'extraction de nos mines de houille, la culture de nos champs ou l'élevage de notre bétail, il faudrait que les prix du charbon, du blé et de la viande vinssent à diminuer! On soutient en effet que, en présence de la baisse du métal, les mines ont été obligées de forcer leur production pour joindre les deux bouts, et peu s'en faut qu'on ajoute que, perdant sur chaque kilogramme de métal, elles ont voulu se rattraper sur l'ensemble!

Il y a cependant, je dois le reconnaître, une parcelle de vérité dans ce raisonnement; en réalité, il a pu et il a dû se faire que certaines mines, ouvertes et exploitées depuis quelque temps, aient, pour soutenir leurs dividendes, forcé leur production afin de répartir leurs frais généraux sur une plus grande quantité de matière et leur permettre de maintenir un bénéfice qui allait leur échapper : mais qu'est-ce que ce fait, relativement rare, auprès de l'ouverture ou de la remise en exploitation d'une foule de mines qui ont dû être fermées ou ne sont pas encore entamées, et pour la reprise desquelles on n'attend que le relèvement des cours ? Il faut à la fois n'avoir aucune idée de l'industrie minière dans le nouveau monde et être aveuglé par la passion bimétallique pour soutenir le contraire.

On peut donc être assuré que l'augmentation de production du métal blanc, comme cela se passe d'ailleurs en ce moment pour le métal jaune, provient tant de la découverte ou du développement naturel des mines que des perfectionnements réalisés dans les moyens d'extraction et de traitement; et si cette production a doublé en ces dix dernières années, au point de passer de 550 à 1100 millions, valeur monétaire, on peut imaginer quel saut brusque lui ferait encore faire le coup de fouet d'une prime de 120 0/0.

On peut donc évaluer au minimum à 1 milliard 500 millions, et probablement à beaucoup plus, la production annuelle qui résulterait, au moins pendant quelque temps, de l'adoption de la mesure proposée.

Si nous nous rappelons que la production de l'or, seul métal réellement en usage aujourd'hui pour les échanges internationaux qu'il faut toujours envisager en pareil cas, est d'environ 900 millions par an, qu'on craint même un peu, et non sans raison, au point de vue du renchérissement des prix, de la voir s'élever assez rapidement pendant quelques années par suite de la découverte et du développement des mines de l'Australie occidentale et surtout de l'Afrique australe, nous verrons que la quantité de monnaie à plein pouvoir libératoire, jetée annuellement dans la circulation, au lieu d'être comme aujourd'hui de moins d'un milliard, serait de plus de 2 milliards 500 millions ; et je néglige le stock probablement assez fort de métal blanc, actuellement en lingots ou en *argenterie*, qu'on se hâterait de convertir en monnaie dès le début de la hausse.

Le stock monétaire total des différents pays du monde était évalué par Soetbeer en 1885 à plus de 16 milliards : il l'est aujourd'hui par diverses autorités compétentes, et notamment par le directeur de la Monnaie des États-Unis, à une quarantaine de milliards : on doit donc supposer, malgré le peu de certitude de ces chiffres, qu'on est tout à fait dans le vrai en l'estimant entre 35 et 40 milliards : cela suffira pour notre objet, qui est de faire ressortir d'une façon bien nette et bien frappante l'augmentation prodigieuse, colossale, qui résulterait pour la circulation monétaire du globe du retour au double étalon, car cette augmentation serait par an d'au moins un quinzième du stock monétaire total accumulé depuis de longs siècles ou en d'autres termes ce stock serait doublé en quinze ans.

Quels changements économiques produirait cette augmentation rapide de numéraire ? Voilà encore un champ d'hypothèses où toutes les opinions se sont étalées d'autant plus à l'aise que, comme précédemment, on ne pouvait les combattre que par d'autres opinions opposées et non par des preuves convaincantes : on a dit d'abord que tous les prix se relèveraient, ce qui paraît assez probable, et se relèveraient dans la proportion même de l'augmentation de la quantité de monnaie, c'est-à-dire que si le stock monétaire doublait, les prix doubleraient, ce qui est absurde. Il ne faut pas considérer en effet la richesse du monde comme un livre en partie double où les biens meubles et immeubles sont représentés d'un côté, avec leur contre-valeur en métaux précieux de l'autre ; la monnaie n'est pas seulement, on le sait, la représentation et le gage de la valeur, sinon il faudrait admettre que la valeur de tous les biens à la surface du globe est égale à la valeur du stock total monétaire, ce qui est évidemment faux ; elle est aussi une mesure de valeur et un moyen d'échange, comme je l'ai dit, et à ce titre son abondance ou sa raréfaction facilitent ou gênent les échanges, sans que la quantité ait d'influence sur les prix. En réalité, le caractère complexe de la monnaie fait que la vérité est entre les deux, et qu'une certaine élévation des prix, mais non pas proportionnelle, tant s'en faut, suit l'augmentation du stock monétaire.

La « théorie de la quantité » est donc, je pense, absolument abandonnée aujourd'hui; déjà, en 1843, J. Helferich disait : « La monnaie, en tant que moyen d'échange, et c'est là, semble-t-il, la caractéristique du commerce moderne, tend à perdre de plus en plus son influence sur les prix des marchandises... Les changements dans le médium métallique circulant, s'ils sont amenés par des causes qui leur sont propres et indépendantes de l'état du commerce, sont peu importantes lorsqu'on les compare aux changements si extraordinairement variés qui peuvent se produire dans la situation du commerce. En tout cas, ces changements sont peu de chose quand on les compare à ceux que peut continuellement amener le crédit. Le crédit a cette propriété remarquable de pouvoir séparer complètement les deux fonctions de la monnaie, sa fonction comme mesure de valeur et sa fonction comme moyen d'échange. Il peut faire de n'importe quelle marchandise un moyen d'échange tout en laissant la monnaie mesure de valeur. » Et M. Leroy-Beaulieu confirme cette opinion en disant : « Il n'est aucunement nécessaire, pour le maintien des prix, que la quantité du métal précieux formant l'étalon augmente en proportion de l'extension, et, si l'on peut ainsi parler, du volume du commerce. L'usage du télégraphe, les compensations d'un marché à l'autre, l'emploi des valeurs mobilières internationales, les billets de banque, les chèques, rendent beaucoup moins nécessaires qu'autrefois le recours aux métaux précieux. »

Mais si cela est vrai dans une certaine mesure, on ne peut *exactement* savoir et prédire *avec certitude* l'effet que produirait une augmentation de numéraire considérable et subite, hors de proportion avec tout ce que l'on a déjà vu : ici tous les raisonnements sont sujets à contestation parce que le critérium de l'expérience leur manque.

Il est probable cependant, si l'on peut conclure du petit au grand, que l'augmentation amènerait au début de bons résultats; comme le disait déjà David Hume au siècle dernier : « Nous constatons que dans tout royaume où le numéraire commence à affluer en plus grande abondance qu'auparavant, toute chose revêt une nouvelle face; le travail et l'industrie prennent de l'animation; le marchand devient plus entreprenant, le manufacturier plus actif et plus habile..... » (1) Mais il est non moins probable qu'au bout d'un certain temps, dégoûté par l'usage immodéré d'un métal lourd et encombrant, on s'en saturerait bien vite, et que son absorption dégénérerait bien vite en indigestion : personne n'en voudrait plus, ou, ce qui revient au même, le prix de toutes choses augmenterait dans d'énormes proportions par rapport à lui; par contre, l'or disparaîtrait rapidement, et bientôt on n'en verrait plus; la mauvaise monnaie chasserait la bonne en vertu de la loi de Gresham; chacun chercherait à se défaire des écus encombrants qu'il pourrait avoir et garderait l'or pour les cas de malheur ou de crise, car c'est toujours là qu'il faut en revenir; les gouvernements, notamment, auraient besoin d'en faire de grosses réserves pour les cas de guerre; en un mot, il faudrait bientôt établir le cours forcé avec tous ses déboires et toutes ses hontes : nous revien-

(1) Cité par M. Léon Say, *Journal des Débats*, 30 mars 1895.

drions en réalité au régime des assignats. Ne serait-il pas excessif de courir ces dangers pour tenter (et encore ne sait-on pas jusqu'à quel point on y arriverait), le relèvement d'un commerce qui, si intéressant qu'il soit, *n'entre que pour une fraction de* 13 *p.* 100 dans notre commerce total extérieur?

Les bimétallistes pourront facilement, je suis tout prêt à le reconnaître, répondre à ces assertions en citant l'exemple de la France, où, depuis vingt ans, l'argent, malgré son énorme dépréciation, circule concurremment avec l'or, sans que ce dernier se cache et fasse prime; mais il sera non moins facile de leur répondre que s'il en est ainsi, c'est que la Banque paie réellement en or et que tous nous savons bien que, pratiquement, notre argent est réduit au rôle de simple monnaie d'appoint : si l'on voulait en être convaincu, on n'aurait, pour juger du résultat, qu'à faire payer en écus aux guichets de la Banque; chacun ferait bien vite sa provision d'or et la cacherait soigneusement. Du reste, la Banque n'a-t-elle pas souvent essayé de le faire discrètement, et les écus ne sont-ils pas toujours et toujours rentrés dans ses caisses sans qu'elle pût augmenter leur circulation?

Je suis donc convaincu que l'adoption du bimétallisme international est une mesure dangereuse au point de vue économique, et pouvant entraîner des conséquences incalculables en étendant au globe tout entier des troubles analogues à ceux que la France a connus au temps de Law et du Directoire; mais, à l'inverse des unimétallistes, je suis disposé à reconnaître, je le répète, que les réfutations du système seront toujours un peu incomplètes, parce qu'elles ne peuvent reposer sur une expérience définitive, et qu'il en restera toujours par là un certain vague dans l'esprit; il n'y aura donc plus qu'à conseiller aux partisans du double étalon, si on ne peut les convaincre, de continuer à réunir leur *parlottes* internationales de façon : 1° à l'installer; 2° à le faire fonctionner régulièrement : *Hic jacet lepus.*

L'installer, d'abord! car si l'on peut admettre que les États-Unis, grands producteurs d'argent, et dont le Trésor est encombré de lingots, conséquence du bill Shermann; que les États de l'Amérique espagnole; que l'Inde même, qui n'a pas de mines mais qui a l'étalon d'argent et qui en souffre, verraient d'un œil favorable une pareille entente; si l'on peut craindre que la France, qui n'a d'autre raison un peu sérieuse d'entrer dans cette ligue que celle de redonner de la valeur à son stock monétaire blanc, lui donne son adhésion; si l'on peut supposer enfin qu'un nombre plus ou moins grand de particuliers, les uns par conviction, les autres par intérêt ou par ignorance, les derniers enfin par esprit d'imitation, puissent combattre en sa faveur, il est inadmissible que des gouvernements sérieux, qui ont charge d'aussi gros intérêts et qui ont le bonheur d'avoir l'étalon l'or unique, je veux parler de l'Allemagne et de l'Angleterre, fassent la folie de se lancer dans une pareille aventure et de faire un tel saut dans l'inconnu; aussi l'on voit bien des ligues se former; les agriculteurs ici, là, les *agrariens,* plus loin, les producteurs de cotonnades ou d'autres produits qui avaient l'Inde pour débouché et qui ne l'ont plus, font bien tout ce qu'ils peuvent pour entraîner l'opinion; mais ils se sont heurtés et se heurteront probablement toujours à la fermeté prudente des gouvernements intéressés; et comme il est évident que, sous peine de nous inonder sous l'avalanche du métal argent, ils doivent, de toute nécessité, enrôler dans leur ligue l'universalité des grandes puissances monétaires, qu'ils reconnaissent par suite eux-mêmes qu'ils ne peuvent rien faire ni rien espérer s'ils n'ont pas l'Angleterre dans leur jeu, ils feront bien de méditer les paroles que sir W. Harcourt a prononcées dernièrement à la Chambre des communes, après avoir soutenu l'étalon d'or : « L'Angleterre possède depuis 1816 le même système monétaire, et c'est avec ce système monétaire qu'elle est parvenue à ce degré de prospérité commerciable et financière qu'aucune autre nation du monde n'a encore pu atteindre. Il est donc de la plus haute importance que la Chambre des communes et le monde entier sachent bien quelles sont l'attitude et les opinions du gouvernement dans les circonstances présentes. Il faut que l'on sache bien si nous voulons ou non conserver un système monétaire qui constitue le plus fort élément de sécurité de l'empire britannique. » Il faudrait après cela que les bimétallistes eussent l'espérance bien fortement chevillée dans le corps pour conserver quelque illusion.

Ce n'est pas tout cependant : admettons encore que, par impossible, l'entente rêvée soit établie entre les divers gouvernements; comment et pendant combien de temps fonctionnera-t-elle? Les hommes sont-ils donc devenus tous parfaitement honnêtes et les gouvernements parfaitement délicats pour que ces traités soient exécutés par chaque nation d'une façon absolument désintéressée; qu'on ne trouve pas cent moyens pour un (sans compter l'institution du papier-monnaie, comme cela est arrivé à l'Italie dans l'Union latine), de supprimer temporairement ou de ralentir sous un prétexte quelconque la frappe prétendue libre, et par suite déverser sur le voisin les lingots blancs en les lui faisant revêtir de son empreinte, de façon à l'en charger à tout jamais? De là, tout un système de fraudes plus ou moins avouables ou latentes, mais inévitables, qui nécessiteraient à bref délai un règlement, si ce règlement n'était pas fait à l'origine, pour régulariser la frappe : malheureusement tout l'échafaudage dressé par les bimétallistes sur le principe de la frappe libre s'écroule au seul mot de règlement, contraire à toutes leurs idées; et si quelques-uns, plus obstinés que les autres ou voyant mieux les inconvénients de la frappe déchaînée, sont d'avis d'y recourir, il n'y a qu'une chose à leur répondre : c'est de le préparer, ce règlement idéal, qui tiendra compte de toutes les données complexes du problème, qui devra être observé religieusement et même, en cas de guerre, contre tout intérêt, par les confédérés...., et l'on y répondra.

## VIII

Je crois avoir montré, dans les pages qui précèdent, les inconvénients d'un retour au bimétallisme et l'impossibilité d'une entente internationale sur ce sujet : comme, d'autre part, je n'ai point méconnu les dommages causés par la baisse de l'argent et l'adoption de l'étalon d'or faite depuis longtemps par l'Angleterre, récemment par l'Allemagne, et pratiquement réalisée depuis par la France, on demandera naturellement s'il n'est point de remède à la crise actuelle, et s'il n'existe aucun moyen de la conjurer.

Je n'hésite pas à répondre catégoriquement : Non; la France, soumise théoriquement au régime du double étalon et pratiquement au régime de l'étalon unique, n'a rien à changer à son système monétaire intérieur. Il est possible qu'elle en souffre un peu : elle souffrirait bien davantage si elle en changeait.

Je sais bien que c'est là un rôle très ingrat à remplir, et que conseiller à un malade de supporter son mal patiemment, en attendant que la nature fasse lentement son œuvre et lui apporte quelque soulagement, est un moyen peu efficace de faire taire ses plaintes et de l'empêcher de recourir à quelque panacée dont on lui affirme et vante les bienfaits : cela ne vaut-il pas mieux pour lui cependant que de prendre un remède dangereux qui, loin de le guérir, le mènerait rapidement à sa perte?

En ce qui concerne cette sorte de prime à l'exportation et ces droits protecteurs contre l'importation qui accompagnent la dépréciation de la monnaie d'un pays, il n'y a qu'à laisser le temps produire son effet, faire hausser les prix, et rétablir l'égalité : à ce moment-là, les pays protégés, qui se seront d'ailleurs endormis, par l'effet de cette protection, dans une sécurité trompeuse, souffriront tellement de la hausse de toutes choses que l'équilibre sera rétabli, et au delà, au bénéfice des pays à monnaie saine; jusque-là, les autres n'ont qu'à attendre : « La France, comme l'a dit M. Léon Say, si elle reste libre de ses lois, pourra, par une politique de sang-froid et par l'application de réformes bien combinées, diminuer sensiblement les inconvénients actuels, qui sont les conséquences de l'état monétaire du monde. Ces réformes devront consister à réduire les dépenses publiques pour rendre le Trésor riche, à laisser se développer librement le commerce intérieur et extérieur pour accroître, au lieu de le diminuer et de le détruire, le capital national et à profiter de la baisse naturelle de l'or sans essayer de provoquer la hausse artificielle de l'argent. » L'effet de ces bons conseils paraîtra peut-être aux bimétallistes un peu long à se produire, et « le moindre grain de mil ferait bien mieux leur affaire » ; mais la crainte d'un avenir redoutable ne permet en aucune façon d'écouter leurs doléances.

A côté de ce gros inconvénient, celui de la dépréciation de notre stock monétaire n'est rien : en effet, nous avons assez d'or, l'expérience nous le montre, pour nos gros paiements : l'argent continuera donc à servir de monnaie d'appoint, et, pendant ce temps, il s'en exportera tous les ans une certaine quantité dans les pays d'Orient et d'Afrique qui sont, à ce point de vue, de véritables éponges ; le gouvernement serait sage de compléter l'effet de cet exode en démonétisant graduellement toutes les pièces dont le frai dépasserait une certaine limite, et en les refondant, non pour la même valeur monétaire en y ajoutant la quantité de métal voulue, mais pour le même poids donnant une somme moindre ; il en résulterait une certaine dépense, qui, se répartissant sur un grand nombre d'années, n'aurait pas beaucoup d'importance ; on arriverait ainsi peu à peu à diminuer sans trouble et sans grande perte notre stock monétaire blanc jusqu'aux limites convenables.

Quant à l'influence néfaste sur les affaires de la crise des changes proprement dite, personne au monde, entre deux pays trafiquant ensemble, dont l'un a une monnaie saine qui sert toujours de régulateur et l'autre une monnaie avariée sujette à toutes sortes de fluctuations, personne, dis-je, ne peut empêcher les inconvénients de la variation de l'agio : mais on peut supprimer à peu près complètement cette variation entre pays de même étalon, comme elle l'est de fait entre places commerciales du même pays, et peut-être même pourrait-on arriver peu à peu à forcer les commerçants d'un pays à monnaie avariée à trafiquer toujours avec l'étranger en monnaie saine, de façon à leur faire supporter complètement les risques de cette variation : ce résultat serait obtenu en totalité ou en grande partie par l'emploi d'une monnaie internationale : c'est par là que je terminerai.

## IX

La question d'une monnaie internationale a été abordée et traitée par de nombreux congrès ou conférences et n'a jamais abouti; c'est qu'en effet ces congrès, du moins à ma connaissance, car on ne peut se flatter de tout connaître en un terrain aussi fouillé, me paraissent avoir à la fois voulu faire trop grand et envisagé la question par son petit côté.

Ils ont voulu faire trop grand en discutant et patronnant des types de monnaie métallique frappée, auxquels les gouvernements étaient invités à se rallier immédiatement, par voie de refonte générale ou partielle de leur monnaie nationale.

Je ne veux assurément pas médire d'un pareil système ; il aurait son utilité évidente ; mais, si je le crois possible dans un avenir éloigné, je ne crois pas à une entente ferme et simultanée entre les diverses puissances métalliques du globe pour cette opération colossale : il s'agit non seulement d'une dépense très forte, mais surtout de changements théoriques et pratiques que tous les gouvernements hésiteront à imposer d'office à leurs sujets : la question a été assez étudiée pour que je n'aie pas à m'y appesantir à mon tour.

Par contre, ces congrès ont envisagé la question par son petit côté, en voulant mettre à la disposition de tous, jusque dans le moindre recoin de chacun des pays contractants, une monnaie frappée ayant pratiquement cours et connue du plus infime de ses habitants, ce qui est tout à fait inutile.

Mon système est tout différent : il ne me paraît pas bien nécessaire, en effet, que le manœuvre pour son salaire, le petit marchand pour sa modique recette, le domestique pour ses gages, le petit employé pour son traitement, puissent recevoir indifféremment une pièce de même nature frappée en France ou en Angleterre ou en Russie ; ce qui est utile, c'est un peu que le voyageur, en passant d'un pays à un autre, puisse toujours avoir une monnaie ayant cours à sa disposition, et surtout que le haut commerce et la grande industrie aient, pour leurs relations internationales, non seulement une monnaie de compte, mais aussi un moyen pratique de régler leurs balances, en soustrayant leurs opérations aux variations incessantes du change, source de trouble et d'embarras.

S'il ne s'agissait que d'une monnaie de compte, on pourrait décider l'institution d'une monnaie idéale, analogue à l'ancien florin de Hambourg, dont les rapports avec les diverses monnaies intérieures seraient exactement calculés, et qui servirait à évaluer tous les prix dans les transactions internationales.

Mais cela ne nous suffirait pas aujourd'hui ; d'abord on ne voit pas bien comment une entente entre les gouvernements pourrait faire adopter par le commerce un pareil système, qui peut bien naître des événements mais qu'on ne peut pas plus imposer aux intéressés qu'on n'impose les autres phénomènes économiques ; ce serait en quelque sorte une monnaie volapük ; de plus, cette monnaie pourrait servir à calculer les balances, mais non pas à les régler ; il faut donc autre chose, un signe tangible et représentant plus qu'une idée : voici comment le problème pourrait, à mon avis, être résolu.

La première décision à prendre, en matière monétaire est l'adoption d'un étalon : bien que M. Poinsard, dans un travail qu'il a publié récemment, soutienne avec quelque vraisemblance que la valeur de l'étalon doit être en rapport avec le commerce du pays qui l'adopte ; que, si l'étalon d'or convient par conséquent à l'Angleterre, à cause de ses immenses transactions, l'étalon d'argent à l'Inde et à la Chine et le double étalon aux nations intermédiaires, une monnaie internationale doit être par suite au régime du double étalon, afin de se prêter aux usages et aux besoins de tous, je crois, malgré toutes ces bonnes raisons, que la conclusion n'est pas juste : en effet, les transactions internationales portent en général sur d'assez fortes sommes, et, s'il y a transport d'espèces, on a intérêt à en réduire le poids ; je pense donc, en dehors de toutes les autres raisons déjà exposées, que l'or, encore bien plus pour les monnaies internationales que pour les monnaies intérieures, doit être pris pour étalon, l'argent devant simplement servir de monnaie d'appoint.

D'autres économistes ont proposé d'avoir à la fois l'étalon d'or et l'étalon d'argent ; c'est une quatrième variété, l'étalon facultatif, après les trois autres que nous avons vues, le simple, le double, et l'alternatif : dans ce système, contre lequel il n'y a rien à dire en théorie, les obligations de paiement feraient mention du métal dans lequel elles seraient contractées : mais il est probable que toutes les fois que l'un des deux contractants pourrait imposer sa volonté à l'autre, surtout à défaut de stipulation bien nette, il ne manquerait pas de chercher à recevoir de bonne monnaie et à en donner de mauvaise : de là probablement une foule de difficultés, de discussions et d'embarras ; je considère donc ce système comme peu commode et n'ayant pas de chance d'être adopté.

Le second point à régler est la définition de la nouvelle unité monétaire : sur celui-là, je crois inutile de recommencer toutes les discussions passées, et je supposerai évident que, tout nouveau système devant tenir compte des faits, c'est-à-dire des monnaies déjà en usage, la nouvelle unité doit se rapprocher le plus possible de l'écu français ou du dollar américain, dont la valeur est à peu près celle de 4 marks allemands, d'un rouble 1/4 russe et du cinquième de la livre sterling anglaise.

A quelle valeur précise faut-il donner la préférence? C'est ici que les discussions commencent : le congrès monétaire de 1867 opta pour la pièce de cinq francs : à cette époque, l'influence française était assez grande pour faire pencher la balance de son côté : les États-Unis se déclaraient prêts à abaisser la valeur de leur dollar, mais ils demandaient que l'opération fût immédiatement décidée, leur production en métaux précieux augmentant rapidement, et devant rendre la refonte de plus en plus difficile, presque impossible même à bref délai. Ce congrès n'aboutit pas plus que les autres n'ont abouti et ne sont, je crois, destinés à aboutir : aujourd'hui que l'influence de la France a diminué, momentanément, il faut bien l'espérer, la pièce de cinq francs française ne serait peut-être pas acceptée aussi facilement comme unité monétaire.

Je crois d'ailleurs qu'un système international, pour ne pas froisser de légitimes susceptibilités, doit s'inspirer davantage de la théorie afin de n'avantager personne pratiquement (il est certain que nous serions avantagés si on adoptait la pièce de cinq francs comme unité internationale), et que, par conséquent, il ne faut se préoccuper, pour cette unité, que d'adopter le poids d'or le plus convenable se rapprochant de la valeur actuelle de cinq francs.

Bien qu'il n'y ait pas nécessité absolue que ce poids d'or soit représenté par un nombre simple (chose bizarre, aucune pièce des grandes puissances monétaires ne contient un poids simple d'or, exprimé en mesures du pays), je crois cependant qu'il y a un certain avantage à ce qu'il en soit ainsi pour une monnaie internationale, afin qu'on puisse se rendre compte aisément du poids de métal précieux contenu dans une somme donnée; et comme un gramme et demi d'or ($1^{gr},5$) a justement une valeur se rapprochant de celle de cinq francs, je crois que ce serait là la meilleure unité. Comparée aux principales unités existantes, sa valeur serait de :

| | | |
|---|---|---|
| $5^{fr},17$ | se rapprochant de | 5 francs français. |
| $4^{m},18$ | — | 4 marks allemands. |
| $1^{r},29$ | — | 1 rouble 1/4 russe. |
| 0,204£ | — | 1/5 de livre sterling. |
| 1$,003 | — | 1 dollar américain. |

Cette unité serait naturellement divisée en cent parties dont la valeur serait à peu près celle du sou français, du cent américain ou du demi-penny anglais.

Il est assez curieux que ce soit là exactement la valeur du *yen* d'or japonais, et il m'a paru intéressant de constater que le petit peuple qui vient d'étonner le monde par le succès de ses armes, a, du premier coup, adopté la monnaie que je crois être celle de l'avenir. Je n'ai aucune raison de ne pas me servir de ce nom japonais, en attendant, si jamais cela arrive, qu'on en adopte un autre, et j'appellerai provisoirement *yen* la nouvelle unité d'or internationale que je défends et qui est définie par le poids de 1 gr. 5 d'or fin.

Cette définition est simple, et aujourd'hui que le système métrique, dont le seul défaut est d'avoir été créé de toutes pièces par la France, c'est-à-dire d'avoir éveillé par là les susceptibilités jalouses des nations voisines, qui ne l'ont admis que contraintes et forcées par ses immenses avantages, est à peu près universellement accepté, tout le monde pourra se représenter facilement que 10 yen vaudront 15 gr. d'or fin; 500 yen, 750 grammes; 1000 yen, 1 kil. 500, etc. Je crois que l'unité ainsi définie, tant pour cette raison qu'à cause de son rapport simple avec les unités existantes et de l'impartialité avec laquelle elle tient la balance égale entre les diverses monnaies ayant cours aujourd'hui, est celle vers l'adoption de laquelle doivent converger nos efforts, parce que c'est celle qui a le plus de chance d'être adoptée par tous.

L'unité étant ainsi arrêtée, comment faire passer cette monnaie dans les usages du monde, au plus grand avantage de tous, peuples et particuliers? C'est ici que nous avons besoin de l'entente des gouvernements. Il faudrait que les grandes puissances métalliques, — et il suffirait de quatre : l'Allemagne, l'Angleterre, les États-Unis et la France, pour donner à ce système toute sa force qui, je ne crains pas de le dire, serait colossale — que ces grandes puissances, dis-je, se réunissent pour fonder à Berne, ville neutre, et choisie depuis quelque temps avec faveur pour le siège de la discussion des intérêts communs aux diverses nations du globe, une banque internationale d'émission, régie par un conseil de directeurs où chacune d'elles serait représentée, et dont la *seule* fonction serait d'émettre des billets, non pas précisément remboursables en or à vue, à Berne, mais garantis par une encaisse or, monnayée ou en lingots, de valeur exactement égale à la valeur nominale de l'émission : ce seraient donc de véritables certificats de dépôt. Si la banque émettait par exemple 200 millions de yen de billets, il faudrait que son encaisse fût exactement de 300 millions de grammes, ou de 300 mille kilos d'or fin ; et comme elle ne ferait naturellement pas de bénéfices, chaque gouvernement contractant aurait à couvrir ses dépenses, relativement faibles, dans des proportions faciles à déterminer.

Cette émission de 200 millions de yen, valant un peu plus de un milliard de francs, me paraît assez indiquée pour un commencement : elle obligerait chacun des quatre gouvernements à y contribuer pour 250 millions, ce qui n'est pas énorme ; et les autres États pourraient naturellement, au fur et à mesure de leurs demandes, être admis dans l'Union par voie d'accession, à certaines conditions de versement et de contribution aux dépenses.

Les coupures pourraient être de 1, 2, 5, 10, 25, 50, 100 yen et même au-dessus : elles devraient porter, au moins en français et en anglais, le poids d'or qu'elles représentent et leur valeur exacte exprimée en monnaie des pays contractants : un billet de 100 yen porterait par exemple :

UNION MONÉTAIRE UNIVERSELLE.

*Certificat de dépôt, à la banque internationale de Berne, de 150 grammes d'or, valant*

**100 YEN**

REMBOURSABLE EN OR ET A VUE CONTRE

| | | |
|---|---|---|
| Frcs... : 516,66. | *Berne le*......... | R. marks : 417.91 |
| Liv. stg... : 20.9.8 ½ | ................. | Dollars... : 100.37 |

Il serait oiseux d'entrer dans les détails d'une organisation encore à naître qui demanderaient à être étudiés avec le plus grand soin : mais on peut tracer à grands traits les lignes du projet qui la rendraient viable et pratique ; il faudrait notamment que les gouvernements s'obligeassent :

1° A déclarer, observer et protéger, en cas de guerre ou d'occupation militaire, la neutralité de la Banque Internationale, de son trésor, de ses immeubles et de son personnel, le tout déclaré inviolable ;

2° A reconnaître sa monnaie comme monnaie légale de compte, juxtaposée à la monnaie nationale ;

3° A donner à ses billets cours légal, à les accepter dans les caisses publiques et à les changer à volonté, dans la mesure du possible, contre des espèces d'or pour le poids indiqué, suivant un tableau annexé à la convention, la monnaie d'argent ne pouvant servir que de monnaie d'appoint pour l'ensemble des billets présentés simultanément au remboursement ;

4° A user de leur influence pour en répandre l'usage, ainsi que pour les faire accepter et changer par les Compagnies de chemins de fer et de navigation ainsi que par les grandes Sociétés financières, sur lesquelles ils ont toujours tant de moyens d'action.

On pourrait peut-être aussi s'engager moralement à émettre, tant en yen qu'en monnaie nationale, les emprunts d'État : ceux des Sociétés industrielles ne tarderaient pas à suivre le mouvement (1).

(1) Il ne s'agit ici que des grandes lignes d'un avant-projet dont tous les détails devraient être soumis, s'il y a lieu, à une discussion approfondie et pourraient être plus ou moins modifiés.

Ainsi, j'ai admis que le premier dépôt fait par les États pour mettre

Si jamais ce projet arrive à discussion, on ne manquera probablement pas d'élever contre lui de nombreu-

en quelque sorte le système en branle, serait opéré facultativement en or monnayé ou en lingots.

Supposons-le fait uniquement en lingots : de cette façon, les billets ne seraient pas remboursables à Berne même, je l'ai dit, au moins dans les circonstances ordinaires : le dépôt entré dans les caves du Trésor deviendrait en quelque sorte anonyme, ce qui paraîtra peut-être à certains esprits (à tort, suivant moi) offrir moins de prise à la spoliation; de plus, cela supprimerait tout service de caisse, et par conséquent un chef de dépenses qui n'est pas négligeable; il n'y aurait plus à organiser qu'un gardiennage.

Supposons-le au contraire effectué nécessairement en or monnayé et admettons un service de caisse organisé; les billets émis pourraient alors porter tous une lettre distinctive (Fr, SP, RM, AD, abréviation de Francs, Sterling Pounds, Reichsmarks, American Dollars), indiquant la monnaie qu'ils représentent.

Ce système aurait l'inconvénient de comporter une administration plus compliquée, mais il aurait deux avantages :

1° Il permettrait, tout en laissant les billets remboursables en monnaie d'or nationale aux caisses des États contractants, de les rembourser également à Berne, mais seulement, bien entendu, dans la monnaie d'origine ;

2° Il permettrait encore d'admettre plus facilement les particuliers, dans des conditions analogues à celles des États, au bénéfice de l'émission : pour éviter un service de caisse trop compliqué et un trop grand afflux de monnaie d'appoint, il serait bon cependant de fixer à leurs demandes un minimum de 1000 ou 10.000 yen par exemple ; toute personne pourrait ainsi, moyennant le versement de francs, livres sterling, etc., se faire délivrer 1000, 10000 yen, ou plus, de billets marqués de la lettre distinctive convenable, en coupures quelconques, à son choix, de types réglementaires.

Il y aurait une grande utilité à ce que la circulation des billets internationaux pût ainsi augmenter ou diminuer suivant les besoins du commerce et sans mettre en jeu l'entente toujours peu élastique des gouvernements entre eux.

Le remboursement immédiat, même en cas de retrait complet des billets, serait ainsi absolument garanti, et ces billets pourraient, sans inconvénient, être, en toute circonstance, comptés comme encaisse métallique par toutes les sociétés dans leurs bilans.

De toute manière, ces détails sont sujets à discussion et peuvent être compris d'une autre façon : mais quelle que soit celle dont ils seraient réglés, il n'y aurait rien de changé au fond de l'institution ni à son caractère essentiel.

Le second cas envisagé étant plus complexe, je joins à cette étude un projet de convention qui s'y rapporte, tel que je le comprendrais moi-même.

ses objections car personne ne peut se flatter de réunir l'unanimité des suffrages en pareille matière : j'en vois dès à présent un certain nombre auxquelles je veux répondre par avance.

La première est que la juxtaposition d'une seconde monnaie à la monnaie nationale est susceptible d'être un sujet de trouble et de confusion. Je ne sais pas trop comment, à la vérité ; car il serait plus facile, pour les transactions internationales, de compter uniquement en yen, que d'être obligé de compter successivement dans toutes les monnaies si variées et si variables du commerce général : quant aux transactions intérieures, au point de vue des comptes, il ne serait pas plus difficile, avec un peu d'habitude, d'opérer en yen qu'en francs, et l'on s'accoutumerait bien vite à évaluer l'importance des sommes exprimées en monnaie internationale, par suite de la conversion facile provenant du choix de l'unité : nous saurions tous en peu d'instants, nous autres Français par exemple, que pour transformer des yen en francs, il suffirait de multiplier leur nombre par 5 et d'ajouter un peu plus de 3 0/0 : il en serait de même pour la plupart des grandes monnaies étrangères ; et cela, bien entendu, indépendamment des tables de conversion que l'on aurait partout et qui seraient bientôt d'un usage courant.

Au point de vue des paiements, il ne serait pas plus difficile, pour une dette quelconque, de 688 fr. 95, par exemple, de donner ou de recevoir un billet de 500 francs de la Banque de France et 188 fr. 95, qu'un billet de 516 fr. 66 de la Banque Internationale et 172 fr. 30.

Enfin et surtout, *il n'y aurait à se servir de la monnaie internationale que ceux qui le voudraient bien :* elle aurait cours légal, mais non cours forcé; et ni le paysan, ni l'ouvrier, ni le rentier n'auraient rien à voir avec elle, s'ils ne voulaient pas la connaître; je ne vois donc de ce chef aucune difficulté.

On dira peut-être encore que l'imitation des billets internationaux tentera les faussaires qui, pouvant opérer en dehors de l'Union, auront moins de chances d'être surveillés et pris : on peut répondre que ces billets devront être le dernier mot de l'art en matière de gravure, et qu'ils seront par suite moins facilement imités que les autres; puis, que les traités d'extradition devant s'appliquer à eux comme aux billets actuellement existants, il y a peut-être moins de chances encore de les voir imiter : je ne crois donc pas l'objection fondée, ou du moins plus fondée que pour un billet de banque ordinaire.

Une troisième objection que je prévois et qui paraît plus grave au premier abord, l'est peut-être encore moins au fond : on dira probablement que, malgré la garantie de neutralité stipulée dans le contrat, le Trésor pourrait peut-être être spolié en cas de guerre et d'occupation armée. Il faudrait d'abord pour cela que la Suisse fût occupée : soit, le fait est possible : mais par qui? Pas assurément par l'Angleterre et les États-Unis, dont les armées ne paraissent pas avoir grande chance d'arriver seules jusque-là : donc, par la France ou l'Allemagne. Mais celle des deux qui se livrerait à cette acte de piraterie, si elle en était capable, non seulement se mettrait au ban des nations civilisées, mais aurait immédiatement contre elle les trois autres puissances garantes coalisées, dont les intérêts seraient atteints par cette main-mise sur un gage de crédit universel. Il ne faut d'ailleurs pas oublier que les billets en circulation seraient devenus une propriété particulière, pouvant être entre les mains de tous, et que le spoliateur spolierait ses nationaux en même temps que les autres, ce qui est impossible : il n'y a donc rien à craindre de ce côté.

La dernière objection est malheureusement beaucoup plus sérieuse, mais non point irréfutable : il faut bien se figurer en effet que l'existence d'une pareille monnaie internationale, soustraite à peu près complètement aux variations de l'agio, léserait beaucoup d'intérêts, non pas ceux des producteurs, assurément, qui sont les plus intéressants, mais ceux de tous les gens, et ils sont innombrables, qui vivent du change ; que, par conséquent, on peut s'attendre à une certaine hostilité, plus ou moins avouée, non seulement contre le projet, mais aussi, une fois l'Union réalisée, contre son fonctionnement, à l'aide de manœuvres cherchant à jeter le discrédit sur sa monnaie de papier, plus sensible qu'une monnaie frappée : mais je crois que l'action des gouvernements et du haut commerce est assez forte pour lutter contre de pareilles tendances, si elles venaient à se produire, et que la certitude du remboursement en or, à vue, dans les caisses publiques et à la Banque suffirait pour les déjouer.

En conséquence, je crois, tout bien pesé, que mon système aurait les avantages d'une monnaie frappée internationale sans en avoir les inconvénients, qui sont assez gros sous le rapport de la loyauté du titre et du degré de frai.

Au point de vue du calcul de conversion, le particulier qui reste chez lui et ne trafique pas, aurait par là tout ce qu'il lui faut, c'est-à-dire un moyen facile de se représenter l'importance des sommes énoncées; le voyageur n'aurait besoin que de se munir de billets internationaux que je suppose devoir être assez abondants pour ne jamais manquer, et les changerait aisément, au moins en ce qui concerne les petites coupures, à la première gare frontière, contre de la monnaie du pays dans lequel il entre : il n'aurait de ce chef aucune difficulté. Mais tous ces avantages ne seraient rien auprès des bienfaits incalculables que procurerait au commerce l'existence d'une monnaie saine, non soumise aux variations du change et transportable à l'égal d'une simple feuille de papier. Je ne veux point m'étendre sur ce sujet rebattu, mais je tiens à signaler la possibilité d'arriver par là, à l'aide d'une organisation plus développée des Chambres de compensation dans les principales places du continent et des États-Unis, à un vaste Clearing House international, établi à Londres, centre commercial du globe, où tout le papier de commerce pourrait se centraliser, où la balance s'établirait, où elle pourrait se reporter par simple crédit du jour au lendemain si elle était faible, et se régler, si elle atteignait un chiffre plus important, par l'envoi postal de quelques billets de banque, résidu de centaines de millions et peut-être de milliards d'affaires!

Ce n'est pas tout : si je crois impossible à résoudre, et

par conséquent inutile à traiter, la question d'une monnaie internationale à adopter *hic et nunc* par voie de refonte immédiate, l'expérience nous apprend que la plupart des nations ont, dans le cours de leur existence, à créer ou à transformer leur monnaie (1) : on peut

(1) La réforme d'un système monétaire intérieur est toujours une chose difficile et, pour des raisons multiples, sujette à de gros inconvénients ; elle ne se fait donc généralement qu'après de graves événements politiques ou économiques, et il est peu probable que nous y soyons amenés en France d'ici longtemps.

Le jour où cette réforme serait nécessaire, nul ne peut prévoir les circonstances qui dicteraient les résolutions à prendre : si cependant les conditions générales étaient analogues à ce qu'elles sont aujourd'hui, on pourrait agir de la façon suivante :

La monnaie d'or devrait être entièrement refondue : on frapperait des pièces de 1, 2, 5, 10 et 20 yen, contenant 1$^{gr}$5, 3 grammes, 7$^{gr}$5, 15 grammes et 30 grammes d'or fin, et valant respectivement 5,1666... ; 10,333... ; 25,8333... ; 51,666... ; 103,333... de nos francs actuels : les deux premières et les deux dernières seraient analogues à nos pièces actuelles de 5, 10, 50 et 100 francs ; la troisième, qui serait la pièce capitale, serait analogue à la livre sterling anglaise, bien supérieure à mon avis, comme maniement, à cause de son volume plus grand et de son poids plus fort, à notre pièce de vingt francs.

Ces monnaies pourraient être frappées au titre de 9 dixièmes ou de 10 onzièmes de fin ; dans le premier cas, leur poids serait de 1$^{gr}$666... ; 3$^{gr}$333... ; 8$^{gr}$333... ; 16$^{gr}$666... ; 33$^{gr}$333... ; il aurait le défaut d'être incommensurable, mais le frai serait moins grand ; dans le second, qui donnerait un titre intermédiaire entre notre titre actuel et celui (11/12) de la livre sterling, le frai serait probablement un peu plus rapide, mais les pièces auraient un poids exact de 1$^{gr}$65 ; 3$^{gr}$3 ; 8$^{gr}$25 ; 16$^{gr}$5 et 33 grammes, ce qui aurait un certain avantage.

Quant à la monnaie d'argent et à la monnaie de billon, elles n'auraient aucun changement à subir, si on définissait le franc par 0$^{gr}$30 d'or, faisant un cinquième de yen : sans toucher ici la question de l'étalon, on pourrait en toute hypothèse, pour une monnaie qui ne sera jamais, officiellement ou pratiquement, qu'une monnaie d'appoint, admettre que le poids du franc en argent resterait toujours de 4$^{gr}$50 : il en résulterait que l'écu de cinq francs actuel, contenant 22$^{gr}$50 d'argent fin, vaudrait dorénavant cinq francs nouveaux ou un yen, et que les pièces de 0 fr.50, 1 franc et 2 francs prendraient officiellement leur nom populaire de pièces de dix sous, vingt sous et quarante sous : le franc ne figurerait plus d'ailleurs dans les comptes écrits.

Ce serait, en somme, adopter arbitrairement 1 : 15 pour le rapport de valeur de l'argent à l'or, au lieu du rapport 1 : 15,5, non moins arbitraire actuellement : du moment qu'on accepte aujourd'hui les

être bien certain que, si cela arrivait à un État quelconque après l'adoption d'une monnaie internationale de banque, cet État s'empresserait de faire frapper sa monnaie conformément à ce système, et que, par conséquent, l'adoption d'une monnaie universelle pourrait dès lors être considérée uniquement comme une question de temps : la France, en provoquant cette réforme et la rendant pratique, aurait la gloire de compléter, par l'unification libre et spontanée des monnaies, l'unification des mesures que son génie national impose peu à peu au monde, malgré sa résistance ou son inertie, pour les longueurs et les poids.

pièces d'argent pour une valeur plus que double de leur valeur réelle, je ne crois pas qu'il puisse y avoir une difficulté quelconque à les faire accepter *dans les mêmes conditions* pour cette même valeur augmentée de quelques centimes.

De même pour la monnaie de billon qui resterait identique à ce qu'elle est aujourd'hui : cinq centimes deviendraient un sou, centième partie du yen.

Ces mesures devraient probablement être acceptées en même temps par l'union latine, que nous traînons après nous comme un boulet.

# PROJET DE CONVENTION

1. Il est formé, entre les puissances signataires des présentes, une alliance monétaire qui portera le nom d'*Union monétaire universelle*, et dont le but est de fournir au commerce une monnaie internationale à change fixe.

2. La monnaie internationale sera à étalon d'or.

3. L'unité consistera dans un poids de 1gr,5 d'or fin et portera le nom de yen (?) ; elle sera divisée en 100 parties.

4. Les hautes parties contractantes s'engagent à admettre cette monnaie comme monnaie de compte, concurremment avec leur monnaie nationale, à accepter et reconnaître comme valables les engagements pris dans cette monnaie, enfin à favoriser sa propagation par tous les moyens en leur pouvoir.

5. Il sera fondé à Berne, par les soins des hautes parties contractantes, un établissement qui portera le nom de *Banque Internationale d'émission*, et dont le rôle sera uniquement et exclusivement d'émettre, contre espèces d'or monnayées aux coins des hautes parties contractantes, des billets ou certificats de dépôt et de les rembourser en monnaies identiques.

6. Chacune des hautes parties contractantes s'engage à effectuer immédiatement à cette banque, dans sa monnaie nationale et sans préjudice des versements ultérieurs qu'elle pourrait faire, un versement minimum de 75 000 kilogrammes d'or fin, représentant 50 millions de yen : Il lui sera délivré en échange pour 50 millions de yen de billets, en coupures de 1, 2, 5, 10, 25, 50, 100, 500 ou 1000 yen, à son choix.

7. Les particuliers pourront, contre versement de monnaies d'or aux coins des hautes parties contractantes, être admis au bénéfice de l'émission, et se faire délivrer gratuitement des coupures de billets internationaux des types réglementaires à leur choix, mais seulement pour des sommes dont le minimum sera réglé par le conseil de la Banque.

8. Les monnaies versées à la Banque ne seront admises que si elles sont de poids droit et non altérées par le frai.

9. Les billets de la Banque internationale, indépendamment de leur valeur en yen, porteront l'indication du poids d'or fin qu'ils représentent, et leur valeur équivalente en monnaies d'or des hautes parties contractantes, suivant la quantité d'or fin que ces monnaies contiennent.

10. Ces billets porteront en outre un signe distinctif indiquant la nature du coin qui leur sert de gage et en représentation duquel ils auront été émis : ils seront, en tout temps et à vue, remboursables à la Banque de Berne contre de la monnaie d'or frappée à ce coin : l'appoint sera fait, s'il y a lieu, en monnaie suisse d'argent et de billon.

11. Les hautes parties contractantes s'engagent à accepter en paiement dans leurs caisses publiques, pour leur valeur équivalente, les billets de la Banque internationale, à les changer en tout temps et à vue contre leur monnaie nationale d'or, et à user de leur influence pour les faire accepter et changer de la même manière par les caisses des grandes administrations financières et des Compagnies de chemins de fer et de navigation : l'appoint sera fait, s'il y a lieu, en monnaie nationale d'argent et de billon.

12. Les hautes parties contractantes assimileront les billets de la Banque Internationale à leurs propres billets en ce qui concerne la contrefaçon et les pénalités qu'elle doit entraîner.

13. L'administration de la Banque Internationale sera confiée à un conseil de directeurs dans lequel chacune des hautes parties contractantes sera représentée ; ce conseil aura tous pouvoirs pour régler toutes les questions qui se rapportent au fonctionnement de la Banque ; il représentera la Banque vis-à-vis des autorités locales.

Chaque délibération devra réunir l'unanimité des suffrages ; les délibérations seront constatées par la signature du procès-verbal des séances, apposée par chacun des directeurs dans un délai maximum de six semaines, pour que chacun d'eux puisse, s'il y a lieu, consulter dans l'intervalle son gouvernement : elles ne pourront, en aucun cas, être contraires aux présentes conventions.

En cas d'empêchement, chaque directeur pourra se faire remplacer au conseil par le ministre ou chargé d'affaires de son gouvernement auprès de la République Helvétique.

14. Toute nation qui en fera la demande pourra être admise dans l'Union par voie d'accession, soit à titre de participante pour un versement minimum de 50 millions de yen, soit à titre d'associée pour un versement minimum de 10 millions de yen : l'assentiment de toutes les puissances contractantes sera nécessaire pour obtenir cette admission.

Toute nation participante sera représentée au conseil par un directeur qui jouira des mêmes droits et prérogatives que ses collègues auxquels il sera complètement assimilé : toute nation associée y sera représentée par un directeur-adjoint qui n'aura que voix consultative et dont l'adhésion ne sera pas nécessaire à la validité des délibérations.

15. Les dépenses de la Banque seront réglées annuellement par le conseil et divisées par parties égales, comme aussi les pertes par vol, etc., entre les divers gouvernements contractants ou participants : les gouvernements associés ne supporteront que les frais d'émission de leurs billets respectifs : tous devront avancer provision.

16. Toute puissance contractante, participante ou associée, pourra, à un moment quelconque, déclarer et communiquer par voie diplomatique aux autres puissances son intention de se retirer de l'Union; dans ce cas, elle sera soumise aux mêmes droits et devoirs que précédemment jusqu'au 31 décembre de l'année qui suivra sa déclaration : passé cette date, elle conservera l'obligation de rembourser ses propres billets, mais elle ne sera plus obligée de rembourser les billets émis en représentation de monnaies étrangères; et réciproquement, les nations étrangères ne seront plus obligées de rembourser ses billets : ses monnaies propres, encore contenues dans le Trésor de la Banque de Berne, lui seront rendues, et sa responsabilité particulière, pour le remboursement de ses billets, sera substituée à la responsabilité collective de l'Union.

17. La dissolution de l'Union pourra en tout temps être demandée, mais ne pourra être prononcée que par plus de la moitié des puissances contractantes ou participantes : elle ne deviendra définitive que le 31 décembre de l'année qui suivra la décision. Jusqu'à cette date, la Banque continuera à fonctionner et les droits et devoirs de chacune des puissances subsisteront tels qu'ils sont réglés par la présente convention : passé ce délai, chacune des puissances prendra livraison de ses monnaies particulières, et sa

responsabilité personnelle sera substituée, pour le remboursement des billets non encore présentés, à la responsabilité collective de l'Union.

Les frais ou recettes de la liquidation des biens mobiliers et immobiliers de l'Union seront répartis entre les puissances contractantes et participantes.

18. Les hautes parties contractantes déclarent et garantissent solidairement la neutralité et l'inviolabilité de la Banque Internationale, de ses immeubles, de son trésor et de son personnel, qu'elles s'engagent à protéger en cas d'occupation armée.

1er Juin 1895.

Documents manquants (pages, cahiers...)

NF Z 43-120-13

www.ingramcontent.com/pod-product-compliance
Lightning Source LLC
LaVergne TN
LVHW020432230826
846091LV00004B/1458

* 9 7 8 2 0 1 6 1 6 1 3 9 5 *